كفايات تكوين معلمي
المرحلة الثانوية

اللغة العربية
—— أنموذجاً ——

كفايات تكوين معلمي المرحلة الثانوية

اللغة العربية أنـموذجاً

الدكتور

عبد الوهاب أحمد الجماعي

٢٠١٠

دار يافا العلمية للنشر والتوزيع **دار الجنادرية للنشر والتوزيع**

٣٧٣,١
الجماعي، عبدالوهاب أحمد
كفايـات تكـوين معلمـي المرحلـة الثانويـة/ عبـدالوهاب أحمد
الجماعي ._ عمان : دار يافا العلمية للنشر والتوزيع، ٢٠٠٩
(   ) ص
ر.إ : ٢٠٠٩/٨/٣٥٦١
الواصفات : /المدارس//التعليم الثانوي//المعلومة

- تم إعداد بيانات الفهرسة الأولية من قبل دائرة المكتبة الوطنية

الطبعة الأولى ، ٢٠١٠

دار يافا العلمية للنشر والتوزيع

الأردن – عمان – الأشرفية- شارع المستشفيات
ص.ب٥٢٠٦٥١ عـمـان ١١١٥٢ الأردن
تـلـفـاكـس ٠٠٩٦٢٦ ٤٧٧٨٧٧٠
E-mail: dar_yafa@yahoo.com

دار الجنادرية للنشر والتوزيع

الأردن- عمان – شارع الجمعية العلمية الملكية
مقابل البـوابة الشمـالية للجامعة الأردنية
هاتف٥٣٩٩٩٧٩ ٦ ٩٦٢+ فاكس٥٣٩٩٩٨٠ ٦ ٩٦٢+
ص.ب ٥٢٠٦٥١ عـمـان ١١١٥٢ الأردن
E-mail: dar_janadria@yahoo.com
Website: www.aljanadria.com

بِسْمِ اللَّهِ الرَّحْمَنِ الرَّحِيمِ

قال اللـه تعالى:

وَمَا أُوتِيتُمْ مِنَ الْعِلْمِ إِلَّا قَلِيلًا[1]

وقال:

وَقُلْ رَبِّ زِدْنِي عِلْمًا[2]

صدق اللـه العظيم

---

[1]- سورة الإسراء، الآية رقم٨٥.
[2]- سورة طه أية ١١٤.

الإهداء

إلى

كل معلم مخلص لرسالة التعليم

وإلى

كل من أخلص لليمن وأحبها

وإلى

كل مؤمن بوحدة هذه الأمة أهدي هذا الجهد المتواضع

شكر وعرفان

الحمد الله رب العالمين والصلاة والسلام على المعلم الأول

محمد بن عبد الله الصادق الأمين صلى الله عليه وسلم وبعد:

بكل الوفاء والجميل الذي لا حدود له أتقدم بجزيل الشكر والعرفان للأستاذ الجليل الدكتور مصطفى الزباخ، الذي تفضل مشكورا بالإشراف وأمدني بالتوجيهات المفيدة والملاحظات القيمة التي كان لها الأثر العميق في تصويب مسار البحث وإخراجه إلى حيز الوجود..

كما أتقدم بوافر الامتنان للأستاذين الفاضلين الدكتور ميلود أحبدو، والدكتور مصطفى بوشوك.

وفي الوقت نفسه أقدم فائق تقديري وعرفاني للأستاذ القدير الدكتور عبد الله الخياري الذي أمدني بالملاحظات الايجابية وزودني بكل التوجيهات والشكر موصول للدكتور صلاح الجماعي، والدكتور طه غانم، والدكتور عبد الباسط عقيل والدكتور عبد الله الكوري، والدكتور نادر شمشير؛ وكذلك للدكتور مهيوب أنعم

فلهم جميعا الشكر والتقدير.

وبكل فخر أسجل عظيم شكري لحكومة بلدي اليمن، التي يسرت لي هذه الفرصة العلمية. وإلى حكومة المملكة المغربية عظيم الامتنان التي أولتني من رعاية وسهلت لنا سبل التحصيل العلمي.

كما لا يفوتني أن أتقدم بفائق الاحترام إلى عمادة وإدارة كلية علوم التربية - جامعة محمد الخامس السويسي، وإلى جميع العاملين فيها على حسن معاملتهم. ووافر الشكر لكل من ساهم وساعد في إنجاز هذا البحث من قريب أو بعيد، وخاصة لمن قام بمساعدتي في الترجمة، ولكل من ساعدني ولم أذكر اسمه سهواً وليس جحودا.

أرجوا الله عز وجل للجميع التوفيق والنجاح.

تقديم

إن المعلم الذي يمتلك ويمارس الكفاية والقدرة، هو المترجم والمنفذ الحقيقي لأهداف التربية والتعليم ومقاصدهما بدرجة عالية المردودية.

ومن ثم، فإن رعايته والاهتمام به خاصة فيما يتعلق بعملية تكوينه على أساس مدخل الكفايات، يعد أهم الاتجاهات الحديثة فاعلية في تحقيق غايات التكوين لإكساب المعلم الخبرات والقدرات والقيم، ليتمكن من أداء مهنته وممارستها بسهولة ويسر، على أساس معايير تربوية وعلمية ترقى إلى مستوى الرهانات والتحديات.

وانطلاقا من الدواعي الذاتية والموضوعية والمرجعيات، تأتي هذه الدراسة استجابة لتلك المتطلبات بهدف محاولة الإسهام في التطوير والتحديث وإلقاء الضوء على أهمية تكوين معلم اللغة العربية للمرحلة الثانوية على أساس الكفايات في أبعادها المختلفة الإستراتيجية، والتواصلية، والمنهجية، والثقافية، والتكنولوجية، بغية تحقيق الجودة الشاملة في كل مراحل التكوين وعملياته المختلفة، وصولا إلى تكوين أطر مهنية وأكاديمية تستجيب لمواصفات المهنة بكل كفاءة وتميز في الأداء التدريسي.

وبناء على ذلك تم تناول موضوع هذا البحث من خلال انتهاج إستراتيجية مبنية على مقاربات متنوعة حسب طبيعة الإشكالية قيد الدراسة والتحليل. وذلك على أساس نظري يمهد للجانب التطبيقي باعتبارهما مسعيان لها، كإجراءات منهجية ونظرية، وذلك حسبما قدمناه في فصول الباب الأول، حيث تم تسليط الضوء على مقومات التكوين وأساليبه، بالإضافة إلى استجلاء السمات والخصوصيات والكفايات اللازم توافرها في المعلم بصفة عامة، ومعلم اللغة العربية بصفة خاصة، حتى يتمكن من القيام بعمله بفعالية، تتحقق فيه الجودة والتميز، كهدف استراتيجي يتطلب بلوغه.

أما المسعى الآخر، فقد تمثل في الجوانب الميدانية، واستخلاص النتائج ومناقشتها، وقد ذيلنا ذلك بخاتمة عامة ضمناها: استنتاجات ومقترحات للتطوير إلى جانب التوصيات والمقترحات، كما سيرد تفاصيل ذلك في ثنايا فصول البابين الثاني والثالث، فضلا عن ما قدمناه من عرض للمراحل المنهجية المستخدمة، وأهم الصعوبات التي برزت أثناء التنفيذ لإجراءات هذه الدراسة.

❖ دواعي البحث:

لقد كان البحث مسوقا بعوامل يمكن إجمالها في الدواعي الذاتية والموضوعية التالية:

١. الدواعي الذاتية:

من خلال اشتغالنا في الميدان التربوي التعليمي في المرحلة الثانوية، تبين لنا أن أداء معلمي اللغة العربية داخل الفصل الدراسي وخارجه مازال قاصرا بصورة ملحوظة، بالإضافة إلى تدني مستوى التحصيل الدراسي لدى الطلاب، مما يطرح مسألة برامج وأساليب تكوين المعلمين في مراكز التكوين، كمدخلات أسفرت عنها مخرجات محبطة.

كل ذلك أثار لدينا أسئلة حول المعلم وتكوينه وكفاياته، و تعزز ذلك أكثر حين اشتغالنا ببحث سابق، يتعلق بمدى تحقق أهداف تعليم اللغة العربية وحاجات التطوير[١]، وقد كشف ذلك البحث، أن أهم عامل في العملية التعليمية هو المعلم، وبدونه يصعب على التربية والتعليم بلوغ أهدافها بالصورة والجودة المطلوبة، ومن هنا برزت ضرورة الاهتمام به، وخاصة ما يتعلق بعملية تكوينه حتى يمتلك الكفايات التي تؤهله للقيام بعمله فيحسن التعامل مع المواقف التعليمية المختلفة بفعالية، بالإضافة إلى امتلاكه القدرة على التكيف مع المحيط حسب الحاجة، والسبيل إلى ذلك اعتبار عملية التكوين عملية مستمرة قبل وأثناء الخدمة، لا تقف عند حد معين أو مرحلة ما، انسجاما مع روح العصر ومتطلباته.

وقد ترسخ لدى الباحث اقتناع بأن برنامج التكوين القائم على الكفايات يجعل التكوين أكثر نجاعة والمعلم أكثر قدرة ودقة في الإنجاز وأكثر إسهاما في تطوير البرامج.

ونظرا لما يحدث في العالم من تطورات واسعة، فإن هذا يعني تزايد الحاجة إلى إعادة النظر في البرامج التكوينية وخططها في مراكز تكوين المعلمين في الدول العربية نتيجة لطبيعة المجتمع العربي وواقعه الحضاري والاجتماعي والاقتصادي، بغية توافر المعارف والمهارات والقيم والاتجاهات المطلوبة للمعلمين، ليقوموا بالمهام والمسؤوليات المنوطة بهم في التدريس.

وهذا الأمر يحتاج ـ بلا شك ـ إلى عوامل عدة لما لها من تأثير في العملية من حيث المستوى ونوعية مراكز التكوين ومكانتها المختلفة، ومستوى

[١] -أنجز هذا البحث تحت عنوان: مدى تحقق أهداف تعليم اللغة العربية وحاجات التطوير لنهاية المرحلة الأساسية باليمن، دبلوم الدراسات العليا، كلية علوم التربية، جامعة محمد الخامس، الرباط، 2003م .

هيئة التدريس فيها، بما في ذلك ترابط مناهجها وأهدافها ومكونات التعليم بعامة والمرحلة التي سيكون فيها المعلمون بخاصة، بالإضافة إلى سياسة قبولهم فيها، ومدى وضوح أدوارهم .

٢ . الدواعي الموضوعية:

إن التغيرات والتطورات المتسارعة التي يشهدها الوطن العربي على الأصعدة كافة، التربوية والتعليمية، وغيرها، تؤكد للباحث في مسألة كفايات تكوين معلمي اللغة العربية وفي إشكالية تطوير خبراتهم المهنية أهمية الدواعي الموضوعية التي نوجزها فيما يلي:

أ- المستجدات الداخلية:

وهي متغيرات فرضتها متطلبات المرحلة الراهنة وما رافقها من تغيرات وتطورات، توجب التوجه نحو العمل الاستراتيجي باعتباره أساسا جديدا للتعامل مع القضايا التعليمية، ووجود استراتيجيات للتعليم بهدف التحديث والتطوير للعملية التعليمية، إلى جانب مواجهة الطلب المتزايد على التعليم بصورة مستمرة في اليمن، وذلك من خلال التفكير في أساليب حديثة ومبتكرة، تستطيع أن تفي بتحقيق الأهداف المرجوة، بما يتفق مع تحديات العصر ورهاناته، وليس من الطبيعي بكل تأكيد أن تظل برامج وأساليب تكوين المعلمين بمنائ عما يحدث، بل يتطلب مواجهة ومواكبة كل ذلك من خلال انتهاج واستثمار الأساليب والمعطيات الحديثة.

وقد أسفرت تلك الجهود عن انجاز استراتيجية التعليم الأساسي، والسعي إلى استكمال استراتجية التعليم الثانوي، وانتشار كليات التربية، إلى جانب الشروع بعقد الدورات التدريبية القصيرة لكل الأطر التعليمية، وذلك بغية مسايرة ما يحدث من مستجدات، بالإضافة إلى وجود منهج

دراسي مطور مبني على أسلوب حديث، وهذا يستدعي أن يكون المعلم على قدر عال من التكوين المبني على الكفايات.

ب- المستجدات الخارجية:

إن العالم يشهد انفجارا معرفيا وتكنولوجيا على مختلف المجالات، كما يشهد طغيان العولمة ونشر العلم والمعرفة عبر الوسائل التقنية وشبكة الاتصال العالمية (الانترنت) وغيرها. وقد جعل كل ذلك مؤسسات التعليم، بما فيها مؤسسات التكوين، تواجه هذه التحديات مما يضاعف الحاجة الماسة لمواكبة هذه التطورات الهائلة. ويعد المعلم أحد وأهم المدخلات الأساسية لبلوغ أهداف العملية التربوية، ولا يتأتى ذلك إلا بالتكوين النوعي قبل وأثناء الخدمة، مع ضرورة استمرار التنمية المهنية الشاملة للمعلم، بالاعتماد على التربية القائمة على الكفايات وتمهين التعليم.

ويأتي هذا الاتجاه من خلال خطاب جديد يدعو إلى جدية وشمولية النظرة إلى عملية التدريس، والنظر إلى التدريس بعقلية احترافية غير تمثلات المعلم، ووضعه وعلاقته بطلابه، وتحويل موقفه من ناقل وملقن للمعرفة، إلى موجه ومشرف ومنسق وشريك في المواقف التدريسية. وتبعا لذلك أصبح للتدريس أسلوب جديد، ومن ذلك العمل الجماعي بروح الفريق، وأضحى المعلمون محترفين. وهذه المعطيات تشكل دواعي لجعل التكوين على أساس الكفايات أمرا حاسما وضروريا لتحقيق متطلبات التربية والتعليم وممارسة المهنة بفعالية، خاصة وقد شهدت السنوات الأخيرة كثيرا من التطورات والإنجازات في كافة المجالات ومنها التربية والتكوين ومشكلاته وموضوعاته، حيث عقدت في مجال تكوين المعلمين العديد من المؤتمرات العالمية والعربية والمحلية، دار الحوار والنقاش فيها حول مسألة تحديد أفضل المناهج والأساليب اللازمة لتكوين المعلم ليتحمل

مسؤولياته المختلفة، لمواجهة كل المستجدات والتحديات، لذلك فالتعليم يعد مهنة لها أصولها ومبادئها ومقوماتها، وهذا أمر محل اتفاق الجميع.

وانطلاقا من تلك الأهمية، فإن العديد من المؤتمرات والندوات واللقاءات التي عقدت حول عملية التكوين قد أقرت عدة توصيات تؤكد في مجملها على ضرورة تكوين المعلمين على أسس علمية ومعيارية.

فقد أكدت اللجنة الدولية للتربية من أجل القرن الحادي والعشرين في تقريرها الذي قدمته لليونسكو على الدور الريادي والرئيس للمعلمين، وضرورة العناية والاستمرار بعملية التكوين. كما ناقش المؤتمر الدولي للتربية في دورته الخامسة والأربعين المنعقد في جنيف عام ١٩٩٦م، تعزيز دور المعلمين في عالم متغير[١]، وكذلك عقد مؤتمر إعداد وتدريب المعلم العربي، بإشراف جامعة الدول العربية في القاهرة (عام ١٩٧٢)، وغير ذلك من المؤتمرات والندوات التي سارت في الاتجاه نفسه،[٢] وذلك من أجل التركيز على أدوار المعلمين في ظل المتغيرات التربوية والاجتماعية، ومن ثم رفع كفاءتهم لمواكبة المتطلبات الحديثة.

لقد نالت مناهج تكوين المعلمين القائمة على الأدوار المتغيرة للمعلم، الاهتمام العالمي، وانعكس ذلك على تطوير مناهج التكوين في الدول العربية، ويتضح ذلك يوما بعد يوم، فقد كانت أهم نتائج المؤتمرات التربوية في هذا المجال ما يلي:[٣]

أ - ضرورة إعادة النظر في مناهج التكوين بشكل عام.

ب- ضرورة بناء هذه المناهج على أساس الكفايات والأدوار المتغيرة للمعلم.

١- تكوين المعلمين من الإعداد إلى التدريب : خالد طه الأحمدي ، ص21 .

٢- الاتجاهات العالمية في إعداد وتدريب المعلمين في ضوء الدور المتغير للمعلم : عبد الرحمن حسن الإبراهيمي، وآخرون، ورقة عمل مقدمة في الدوحة، ص ٤.

٣- تكوين المعلم من الإعداد إلى التدريب: خالد طه الأحمدي، مرجع سابق، ص22.

د- ضرورة التركيز على جوانب التعلم: (معرفية ـ وجدانية ـ مهارية).

هـ -اعتماد التعلم الذاتي أسلوبا من أساليب التعلم.

و- تدريب المعلمين على أساس الطرائق الحديثة.

ولعل ما يؤكد أهمية الدعوة إلى الاهتمام بالتكوين وإعادة النظر في تأهيل وتكوين المعلم، انخفاض المستوى لدى المعلم في الدول العربية، والمتمثل في تدني مستوى مهارات التعلم، أو في شكل اتجاهات سلبية نحو المهنة ونحو المتعلمين، أو ما يتعلق بهشاشة تمكين المعلم من أساسيات المعرفة وأساليب البحث المرتبط بمجال تخصصه.

لذلك يلاحظ أن الأطر البشرية القائمة على التعليم في الوطن العربي ضعيفة القدرة، ويبدو ذلك من خلال تدني العطاء التربوي والتعليمي الموكل إليها، وهذا مؤشر حقيقي إلى الحاجة الماسة إلى تكوين متين يساعد الأطر التعليمية على امتلاك الكفايات المطلوبة المؤهلة للقيام بالعمل بكفاءة عالية.

ويمكن إيجاز ما سبق فيما يلي:

١. تزايد أعداد المتعلمين والاهتمام بالنمو المتكامل لهم ومراعاة الاستعداد والفروق والخصائص.

٢. التقدم العلمي الكبير والحاجة إلى مواكبته بكل الوسائل والتقنيات الممكنة.

٣. تقدم وسائل المعرفة وتجاوز الكتابة كمصدر وحيد للمعرفة، والاعتماد على وسائل أخرى كالتسجيلات الصوتية والإذاعة، والمخابر اللغوية وغير ذلك، وهذا يتطلب الإعداد المسبق للتعامل معها.

٤. الأخذ بالمنهج العلمي في التعليم.

٥. تطور العلوم النفسية والتربوية وجعل المتعلم هدف العملية التعليمية، بل محورها، والعمل على تنمية شخصيته في الجوانب الجسمية والعقلية والانفعالية والاجتماعية كافة.

٦. تغير أدوار المعلم؛ أي التخلي عن دوره السابق كملقن للمعرفة، والانتقال به إلى الدور الجديد بحيث يكون موجها ومنسقا ومشجعا ومحفزا لتعلم المتعلمين، وإرشادهم وتوجيههم للمشاركة الفاعلة، وإعدادهم لمواجهة مطالب الحياة والتطورات العلمية المتغيرة .

٧. ضرورة إشراك المعلم في عملية تطوير المناهج، من خلال إعداده وإتاحة الفرصة له للمشاركة في تطوير المناهج ورسم السياسات التعليمية؛ أي إشراكه في اتخاذ القرارات اللازمة لحل المشكلات التربوية.

٨. تمهين التعليم، وذلك بتطويره وتحويله إلى مهنة راقية، تساوي المهن الأخرى الراقية السائدة في المجتمع، ولن يتحقق ذلك إلا برفع مستوى التكوين للمعلمين، وامتلاكهم الكفايات بحيث تتلاءم مع متطلبات العصر وقيمه الاجتماعية.

٩. ممارسة ديمقراطية التعليم، وهذا يحتاج إلى إعداد جيد مسبق للمعلم ليكون قادرا على فهم وممارسة الديمقراطية في التعليم في غرفة الصف الدراسي، وإفساح المجال أمام المتعلمين لممارسة ذلك في جميع المواقف التعليمية.

١٠. التعاون مع المجتمع المحلي، وذلك عن طريق الانفتاح على المجتمع المحلي والإسهام في حياته الاقتصادية والاجتماعية والثقافية والبيئية، وهذا يحتاج إلى امتلاك المعلم المهارات والاتجاهات لإقامة تلك العلاقة الإيجابية، وذلك مرهون بعملية الإعداد المسبق.

١١. التنامي السريع في نظم المعرفة، فالمعارف تنمو دائما، إذ لا يقف التطور عند حد معين وليس له حدود معروفة، لذا فالمعلم بحاجة إلى الاستزادة من المعارف بصورة مستمرة، وأن يخضع بصفة دائمة للتربية المستديمة، حتى لا يصبح متخلفا عن مستوى التطور العلمي.

١٢. تطور العلوم وطرائق تدريسها، فالتطور السريع في مادة التخصص وطرائق تدريسها يحتاج إلى الاستزادة من المعارف، ولا يتم ذلك إلا من خلال متابعة أسلوب الاستمرار في التدريب أثناء الخدمة باعتباره رافدا أساسيا لعملية تربية وتكوين المعلمين.

١٣. تطور النظريات التربوية، فطالما أن الحياة تتطور وتتغير، فمن الطبيعي جدا أن يحدث تطور في النظريات وفي الملفات التربوية المعتمدة من قبل الدولة والمجتمع، والتي تظهر بين الحين والآخر، وهذا يتطلب أن يحاط المعلمون بكل تلك التطورات من أجل المواكبة لها والتكيف مع الأدوار الجديدة، وكذلك القيام بالدور المناسب والمطلوب لتحقيق الغاية المرجوة بفاعلية.

١٤. إتاحة الفرصة للنمو المهني وتحسين أداء المعلم، وهذا يتطلب الاستمرار في عملية التدريب أثناء العمل بهدف التحسين وزيادة الكفاءة للمعلمين، بغية الوصول إلى درجة عالية من الإنتاج مع ضمان الجودة العالية بأقل التكاليف وأقل الخسائر الممكنة، وذلك إسهاما في التنمية الشاملة المنشودة، ومن ثم تلبية رغبة المعلم وحاجته إلى الاستمرار في النمو المهني والأكاديمي، للرفع من قدراته وتحسين مهاراته، بما يكفل له الاستعداد لتقبل كل جديد والحفاظ على مستواه، وتأكيد الثقة بالنفس.

❖ أهمية الدراسة:

تنطلق أهمية هذه الدراسة من البعد التكويني لمعلمي اللغة العربية في المرحلة الثانوية خاصة، والحاجة إلى معلم كفء ملم بجميع جوانب عملية التدريس، يتصف بالقدرة والإبداع في الميدان التعليمي حتى يتمكن من التعامل مع معطيات العصر المتطور بمختلف آلاته وتقنياته الواسعة.

و تتضح أهمية كفايات تكوين معلمي اللغة العربية للمرحلة الثانوية من خلال النقاط الآتية:

١- تحديد الكفايات التكوينية اللازمة لمعلمي اللغة العربية في المرحلة الثانوية، للإسهام في تجويد وتطوير عملية الإعداد والتدريب للمعلمين.

٢- تحديد الكفايات بعناية ومعرفتها تجعل من الممكن رسم الخطوط العريضة لتربية المعلمين، والاعتماد عليها في بناء البرامج التكوينية وتقويمها، وفي تقويم أداء الطالب المعلم بصورة واضحة.

٣- إبرازأهمية تربية المعلمين القائمة على الكفايات باعتبارها أفضل الاتجاهات السائدة في عملية التكوين.

٤- عرض نتائج ما قدمته بعض الدراسات في مجال تكوين المعلمين بصفة عامة ومعلمي اللغة العربية بصفة خاصة بهدف الاستفادة منها.

٥- فتح الباب أمام الباحثين والدارسين للقيام بدراسات أخرى مماثلة.

٦- إبراز أهمية تحديد كفايات التكوين بهدف التصويب أكثر لعملية التكوين (التدريب).

٧- إبراز أهمية المعلم الكفء ودوره في تنفيذ المقررات الدراسية.

٨- تطوير عملية تكوين معلم اللغة العربية بصفة خاصة.

٩- إعطاء صورة واضحة للقيادات التربوية العليا بهدف الاهتمام بمعلم اللغة العربية من كل الجوانب، خاصة جانب تكوينه قبل وأثناء الخدمة، باعتباره العنصر الفعال والرئيس في العملية التعليمية التعلمية.

١٠- تسخير نتائج هذه الدراسة لمساعدة مكوني مدرسي اللغة العربية وغيرهم، لمعرفة مدى أهمية مرحلة التكوين والتأهيل في المستقبل، وكذا الإسهام في عملية التطوير لتلك المرحلة.

١١- الكشف عن أهمية تعليم اللغة العربية في المرحلة الثانوية باعتباره مادة ووسيلة مهمة في تعليم المواد الأخرى.

❖ صعوبات الدراسة:

إن الصعوبات التي برزت أثناء تنفيذ إجراءات البحث وخطواته، سواء كانت صعوبات أكاديمية أم إدارية، وهي كثيرة ومتنوعة،وذلك حسب طبيعة الإشكالية ومكونات البحث، وترجع هذه الصعوبات إلى جوانب مختلفة منه، وحسبنا في هذا المقام أن نشير إلى أبرزها، والتي تتمثل بالآتي:

١- استبعاد متغير المؤهل العلمي من متغيرات الدراسة نظرا لقلة المدرسين الذين يحملون مؤهلا غير تربوي (ليسانس آداب)، مما يشير إلى أن عينتهم غير ممثلة، ومن ثم اعتماد متغير بديل عنه، وهو متغير المكان.

٢- عدم إدماج بعض المدرسين في المرحلة الثانوية نظرا لتداخل عملهم التدريسي بين المرحلتين الثانوية والأساسية، خاصة من صف (٧-٩). بهدف اكتمال نصاب المدرس من الحصص.

٣- قلة الدراسات المتعلقة بالكفايات التكوينية.

٤- تعدد تعريفات الكفايات بين الباحثين والدارسين، مما أدى إلى وجود نوع من الضبابية حولها، وقد يكون مرجع ذلك إلى الجانب القيمي للكفايات وجودتها، وفقا للرؤى المختلفة بين الفلسفات التربوية، وخاصة ما يتعلق بالتكوين البيداغوجي.

❖ المرجعيات:

لقد استفاد البحث من مرجعيات عدة ومتنوعة، حيث استقى منها التوجهات والمعلومات والإجراءات المنهجية، بما يتناسب مع طبيعة الإشكالية قيد الدراسة والتحليل، بهدف معالجتها من كافة جوانبها، وقد تشكلت تلك المرجعيات من الأبعاد النظرية والعملية، ونذكر منها:

* المرجعية العامة:

انطلق البحث من مرجعيات مهنية بالأساس، تتعلق بتكوين المدرسين على أساس مدخل الكفايات، وفق رؤية استراتيجية عامة، يطلق عليها التربية مدى الحياة (Education de tout la vie) أو ما كان يعرف بالتربية المستديمة (Education Permanente).

تستمد هذه المرجعيات أسسها من فلسفة تربوية تجعل التطور المستمر للموارد البشرية - وخاصة المدرسين - ركناً أساسياً بل ضرورة لضمان التقدم الاقتصادي والاجتماعي في عالم تتزايد فيه حدة المنافسة، مقابل تساقط الحواجز بفعل قوة العولمة التي تسمح بالسيطرة للأقوى والأكثر جودة للتعامل مع تكنولوجيا العصر. وتم اعتماد هذه الفلسفة بسبب التطورات السريعة كماً وكيفاً.

إن تكوين المدرسين خاصة وتكوين الأطر بصفة عامة، أمرٌ معرض للتقادم، ومهدد بأن تتجاوزه الأحداث بشكل يجعله غير قادر على سد حاجات

المجتمع. مما يفرض إعادة النظر في عملية التكوين بكـل مدخلاتـه وظروفـه مـع ضرورة اعتماد مسـألة الاستمرارية قبل وأثناء الخدمة، بالإضافة إلى النظـر إليـه عـلى أنـه معطـى كـلي يتمفصل فيه الجانـب النظـري بالعملي، كما لا بد من التسـليم بـأن المعـارف والخبرات والإجراءات لا تكتسب إلا مـن خـلال الممارسة العملية.

إن ذلك المسعى في أبعاده المختلفة يهدف إلى الارتقاء بـالأطر التكوينيـة إلى مسـتوى تحـديات ورهانات العصر، لمواجهة تطوراته الموصوفة بالسرعة والدقة، وخاصة في ميدان التربية والتكوين.

* المرجعية القيمية والميدانية:

لقد استقى البحث بعض مرجعياتـه مـن القيم والمبـادئ الإسـلامية، خاصـة مـا يتعلـق بـالمعلم، باعتباره حجر الزاوية في ترجمة الأهداف والغايات، وتربية القيم كما نجد في الشريعة الإسلامية المشيدة بالعلماء وفي التراث الإسلامي المهتمة بالمعلم. ويبدو ذلك من خلال ما جاء في إحياء علوم الـدين للإمـام الغزالي، وفي مقدمة ابن خلدون، وفي آداب المعلمين لمحمد بن سحنون وغيرهم.

إن تلك القيم والمبادئ تدل بوضوح على مدى أهمية المعلم وخطورة دوره، خاصـة معلـم اللغـة العربية باعتبار اللغة العربية مادة دراسية ووسيلة لتعليم المواد الأخرى، فيتجلى ذلك بقـوة فاعليتـه في العملية التربوية والتعليمية، وعمق تأثيره في طلابه وسلوكهم. لذا كان من الطبيعي اشـتراط جملـة مـن الصفات والخصوصيات الواجب توافرها في "الطالب/المعلم" للاطمئنـان عـلى الأبنـاء ومسـتقبلهم، بـل اعتبارها شرطا أساسيا لولوج مهنة التعليم، حيث تمثلت تلك الصفات والخصائص مـا بـين الأخلاقيـة والجسمية والمهنية والاجتماعية وغيرها.

وفي الوقت نفسه فقد اعتمد البحث على مراجع حديثة تناولت خصوصيات وصفات المعلم. من قبيل ما جاء في: "خصائص المعلم"، "المعلم بين النظري والتطبيقي"، "وزاد المعلم"، "وإعداد المعلم تنميته وتدريبه"، "خصائص المعلم العصري وأدواره"، التي ركزت في مجملها على أهمية الصفات الشخصية والمهنية للمعلم ومراعاة الفروق الفردية بين الطلاب والأخذ بأيديهم إلى مستوى أرقى وأكثر نجاحا.

وأما بخصوص الكفايات وخلفيتها من حيث المفهوم والأبعاد وأنواعها وأهميتها في عملية التكوين، فقد استخلصنا ذلك من مراجع عدة مثل ما قدمه كل من "توفيق مرعي"، و"عبد الكريم غريب"، وما طرحته "سهيلة الفتلاوي"، و"هول"، و"جوتسون" (Johson) بالإضافة إلى أساليب التكوين ويمثل ذلك ما جاء في" تكوين المعلم العربي"، و"المعلم في مدرسة المستقبل" لجبرائيل بشارة، وما أورده العالم التربوي الأمريكي (شارترز) الذي أخذ بفكرة البرامج القائمة على الكفايات في تكوين المعلم، إضافة إلى ما تضمنه الميثاق الوطني للتربية والتكوين في المغرب، وفي الوثائق والتشريعات والخطط والمنطلقات العامة في اليمن التي أمدت البحث بالمرجعيات الأساسية، إلى جانب ما ورد في الكتب المقرر تدريسها على المرحلة الثانوية.

أما الدراسات السابقة فقد شكلت أحد مرجعيات البحث، وكانت رافدا له بكثير من القضايا والمعطيات والأساليب المنهجية التي اعتمدت للسير بإجراءات الدراسة، بل كانت محطة خصبة في بلورة أدواتها وبناء مقياسها. وعلى الرغم من تنوعها فإن معظمها تركز حول الكفايات وما يدور في فلكها، والتأكيد على أهمية تحديد قائمة الكفايات، حتى تكون منطلقا لإجراء عملية تكوين معلمي اللغة العربية في ضوئها.

ومن ثم كان التركيز على أساليب التكوين الأكثر نجاعة، وخاصة تكوين المدرسين القائمة على مدخل الكفايات، باعتباره أفضل أساليب التكوين في ميدان التربية والتكوين.

أما فيما يتعلق بالجانب الميداني فقد تم التركيز على اللقاءات الميدانية والاستطلاعات لآراء الخبراء المختصين في مجال التربية والتكوين، إلى جانب الفاعلين في الميدان التعليمي، وكذلك استقراء أهم حاجات المدرسين بالمرافق التعليمية، بالإضافة إلى تحليل المقررات المدرسية، بهدف محاولة اشتقاق أهم الكفايات التكوينية منها.

لقد مثلت تلك الإجراءات مرجعية هامة للبحث ومؤهله لخوض غماره، بهدف تحقيق الجودة والتميز في أداء معلمي اللغة العربية في المرحلة الثانوية خاصة، بما يتناسب مع الطموحات والتطلعات المستقبلية.

❖ **المراحـــل المنهجية:**

للوصول إلى غايات الدراسة المرجوة، يتطلب السير وفق مراحل منهجية محكومة بالقواعد العلمية المتعارف عليها في الأبحاث والدراسات العلمية، وذلك حسبما رسم لهذه الدراسة من إجراءات مسبقا، انطلاقًا من الدواعي والأهمية المسوغة لبحثها، واستنادا إلى مرجعيتها، تم الشروع بتنفيذ خطواتها على أساس تقسيمها إلى جانبين: الإطار النظري، والإطار التطبيقي وصولاً إلى الإطار الاستشرافي، الذي يمثل خلاصة لهما.

وللوفاء بمتطلبات معالجة الموضوع قيد الدراسة والبحث، فقد تم تقسيم الدراسة إلى أبواب وفصول، حيث تضمن الباب الأول خمسة فصول، تناولت في مجملها الجوانب النظرية بما في ذلك القضايا المتعلقة بالجوانب المنهجية.

وأما الباب الثاني فقد قسم إلى ثلاثة فصول حيث تم التركيز فيها على الجوانب الميدانية ونتائجها.

في حين خصص الباب الثالث للجوانب الاستشرافية، وقد قسم بدوره إلى ثلاثة فصول، تضمنت الاستنتاجات والتصورات المقترحة للتطوير، فضلا عن الجانب التوثيقي.

الباب الأول

الإطار النظري

الفصل الأول: الرؤية والمنهج في الدراسة.

الفصل الثاني: الدراسات السابقة.

الفصل الثالث : معلم اللغة العربية للمرحلة الثانوية.

الفصل الرابع: المرحلة الثانوية.

الفصل الخامس: الكفايات التكوينية.

الفصل الأول
الرؤية والمنهج

يتناول هذا الفصل عرضاً لخطة الدراسة، وتحديد إجراءاتها، والأهداف المراد بلوغها، ومن ثم تحديد الإشكالية، وبيان أهميتها وحدودها، ومصطلحاتها، ومنهج بحثها، والخطوات اللازمة لتنفيذها، كما سيرد في التفاصيل التالية.

أ- المقدمة:

تعد التربية الأساس المتين لحفظ وجود الأمة وتفوقها الحضاري؛ من خلال الاستمرار في بناء الإنسان والمجتمع على حدٍ سواء، ولارتباطها بخطط التنمية الاقتصادية والاجتماعية. فإن هذا الأمر يفرض النظر إلى التعليم "باعتباره الأداة" التي من خلالها يتم تحقيق أهداف وغايات التربية.

وإذا كان التعليم يعد مرآة صادقة لواقع المجتمع بكل جوانبه الاقتصادية، والاجتماعية، والفكرية، والحضارية، والثقافية، فإنه يعد أداة مهمة في ميدان البناء الحضري، لذا وجب حسن استثماره واستغلاله؛ ليتم إحداث التطور التربوي المطلوب، من خلال الإنسان والمجتمع. وهو ما ينعكس على شكل بناء المجتمع وإعادة تكوين أفراده - ثقافياً، واجتماعياً- حتى يمتلكوا القدرة والكفاية اللازمة

للتعامل مع ظروف الحياة بكفاءة واقتدار، وبما يضمن لهم السعادة والاطمئنان النفسي في مجرى الحياة.

وإذا كان الإنسان كائنا صانعا للرموز فإن اللغة تعد- بصفة عامة واللغة العربية بصفة خاصة- أهم وسيلة لتحقيق أهداف التربية والتعليم، كما رسم لها أن تكون. وتتميز اللغة العربية بعدة خصائص أهمها: إنها لغة القرآن الكريم، وما يزيدها إجلالاً وشرفاً أنها وسيلة لنشر تعاليم الدين الإسلامي الحنيف في شتى بقاع الأرض، لذا فهي تحتل مكانة عظيمة في قلوب العرب والمسلمين. لذا تستحق برامجها التركيز والعناية من حيث تحديث أساليب وطرائق تعليمها وتطويرها بصورة مستمرة ليتم إتقان جميع مهاراتها بصورة صحيحة؛ من أجل ترجمة الغايات والأهداف المرجوة من العملية التربوية والتعليمية، والحصول على المردودية المطلوبة من ذلك.

و لن يتأتى كل ذلك إلا بوجود معلم كفء يتصف بكل صفات المهنة، إذ يعُد حجر الزاوية في نجاح العملية التربوية، وفي تحقيق أهدافها، لما يضطلع به من أدوار، ووظائف متعددة ومتنوعة في بناء الأمة، فنوعيته تمثل المفتاح الذي يضمن للتعليم بلوغ أهدافه ومقاصده. ومن يملك العلم والمعلومات النظرية والعملية، فسيملك القوة بكل معانيها، لذا أضحى واقع تكوين المعلم بمؤسساته ومعاهده من أبرز القضايا إثارة للاهتمام والنقاش حسبما تشير نتائج كافة المؤتمرات والدراسات والتقارير[1]، إدراكا منها بأهمية التكوين القبلي أو أثناء الخدمة لجميع المعلمين بصفة عامة ومعلمي اللغة العربية بصفة خاصة.

يؤكد هذا بجلاء ضرورة الاهتمام بتحسين وضعية المعلمين من الجوانب كافة، وخاصة مسألة التأهيل والتكوين قبل الخدمة وفي أثنائها، بوصفهم من أهم

---

[1]- إعداد المعلم بجامعة الكويت الواقع والمأمول : جاسم يوسف الكندري، ص ١٥.

العوامل الكامنة وراء نجاح العملية التربوية والتعليمية[1]. وهذا بلا شك يعتمد على نوعية مستواهم ومدى امتلاكهم للكفايات التي تساعدهم على ممارسة المهنة بدرجة عالية من الإجادة والقدرة على تحويل المعرفة العالمة إلى متعلمة، بهدف التقريب لها وإحداث فائدة عالية في عقول الطلاب؛ وكذا القدرة على استخدام الوسائل والتقنيات والأساليب الحديثة في عالم التربية والتعليم، بغية الحصول على جودة التعليم للإسهام في التنمية الشاملة للمجتمع.

إن المعلم هو العامل المنتج، ومنتجاته هو الإنسان بعقله وفعله، كما تضيف البحوث والدراسات:" أنه من يمارس مهنة التعليم يجب أن تتوافر فيه الكفاءة والرغبة والتدريب اللازمان، وخلفية معرفية ومهارات واسعة"[2]، كي يستطيع أن يتعامل مع المواقف التعليمية التعلمية، ويتطلب هذا معرفة وتحديد متطلبات التكوين والتأهيل بصورة جيدة، والأخذ بالجوانب النظرية والعملية أثناء عملية التكوين، وإحداث عملية التمفصل بينهما، وإيجاد معلمين متقنين لمهنة التدريس ببعديها النظري والتطبيقي في ضوء الآفاق المستقبلية.

وإذا نظرنا إلى عملية التدريس؛ نلاحظ أنها عملية مركبة بالغة التعقيد، ومرد ذلك إلى كثرة الأطراف العاملة والفاعلة والمتداخلة فيها، بحيث نجد أن المعلم يرتبط مع المعلمين والزملاء وأولياء الأمور وغيرهم.

فالمعلم مطالب بأن يكون ملما وممارسا للكفايات التكوينية اللازمة، ليكون قادرا على إدارة التفاعل مع جميع الأطراف، الذين لهم ارتباط بالعملية التربوية والتعليمية خاصة.

---

[1] الاحتياجات التدريبية: علي أحمد ردمان، صنعاء، ص ٣١، ٣٢.
[2] الأوضاع المادية والمكانة الاجتماعية للمعلم:نعيم حبيب، ص٢١٤٢.

إن مهمة المعلم في الوقت الحاضر لم تعد مجرد نقل للمعلومات من الكتب المدرسية إلى عقول الطلاب، وإنما أصبحت له أدوار أخرى تفاعلية توجيهية للمواقف التعليمية التعلمية، والتي " تهدف في جملتها إلى جعله قائدا ومنظما ومديرا للمواقف؛ بحيث يستطيع من خلال ما يتيحه لتلاميذه من خبرات مربية، مؤثرة، وفعالة، حتى يصل إلى تحقيق أهداف أكثر من مجرد تحصيل المعارف، وحفظها واستظهارها"[١].

جاء هذا التفسير مرتبطا بما حدث في الفكر التربوي نفسه، والتحول من مفهوم التحصيل للمعارف من عدة مجالات، إلى حصيلة تربوية متعددة الأبعاد تشمل المعارف، والاتجاهات والميول، والقيم، وتمكنه من اكتساب مهارات عديدة: مثل النقد والتعلم الذاتي، والتخطيط والتنظيم والقدرة على الحوار والمناقشة والتحليل والتفسير والإبداع... كما أشار إلى ذلك (جان بياجيه Piuget) الذي نص على:"أن الهدف الرئيس لعملية التربية في هذا العصر هو خلق أفراد قادرين على فعل أشياء جديدة، وليس تكرار ما فعلته الأجيال السابقة، بحيث يكونون قادرين على الإبداع والابتكار والكشف"[٢].

هذا يعني أن عملية التدريس تحتاج إلى معلم أعد إعدادا جيدا، علميا ومهنيا، يتفق مع روح العصر والمرحلة بكل أبعادها العلمية والمهنية والاجتماعية؛ لما تقتضيه عملية التدريس- التي تستند إلى مجموعة من الخبرات الحيوية- من مراحل عديدة مدروسة مسبقا، فالتدريس ليس عملا ارتجاليا بل عملا له قواعده ونظامه[٣].

---

[١]- تطوير برامج الإعداد المهني لمعلمي المواد الاجتماعية: يوسف جعفر سعادة ، ص ١٣.

[٢]- التدريب مفهومه وممارسته إرسال المعلم: محمد هاشم ريان، ص٢٥.

[٣]- اللغة العربية منهجها وطرائق تدريسها: طه علي الديلمي وسعادعبد الكريم الوائلي، ص ٨٠، ٨١.

لذلك برزت أهمية التدريب للمعلمين أثناء الخدمة لوجود صعوبات تظهرها مهنة التدريس، إلى جانب القصور الحاصل في عملية الإعداد والتأهيل قبل الخدمة بكل مكوناتها النظرية والعملية، إضافة إلى ضرورة مسايرتهم للتطور السريع في المفاهيم التربوية والتعليمية، وإحاطتهم بذلك حتى لا يظلوا على هامش التربية والتعليم، وما يزيد أهمية ذلك على وجه الخصوص، القيام بعملية تطوير المناهج والكتب المدرسية، بما في ذلك مناهج اللغة العربية في المرحلة الثانوية، مما يعني ضرورة القيام بعمليات تطويرية أخرى مرافقة ومواكبة لها؛ وهي تدريب المعلمين المقصودين والذين تقع عليهم مسؤولية التنفيذ والتطبيق لتلك المقررات الدراسية، حتى يكونوا على دراية وفهم، علاوة على تزويدهم بالقدرات والمهارات اللازمة حتى يتمكنوا من التعامل معها، وتطويعها حسب المواقف التعليمية، بما يحقق الغاية بكفاءة عالية.

لذا كانت المحاولات الجادة لتحسين نوعية التربية اليوم تقتضي الاهتمام بتكوين المعلمين وتأهيلهم على أسس مهنية وتربوية ونفسية؛[١] لأن ذلك يعد الضمان الأكيد لعملية التحسين والتجويد للعملية التعليمية.

فالمعلمون هم الركيزة الأساسية للتطوير، والتحديث والإبداع. مما يجب عليهم التمكن من كفايات التدريس اللازمة للمهنة التي امتلكوها أثناء التكوين والتدريب خلال الخدمة[٢].

وعلى هذا الأساس لابد من مراجعة عملية تكوينهم بصورة مستمرة، بغية التطوير، مما يستدعي معرفة وتحديد كفايات التكوين للمعلمين؛ ومن ذلك معلمو اللغة العربية، بهدف جعلهم قادرين على العمل بصورة عالية وسهلة، بما يحقق أهداف اللغة العربية وبرامجها ومناهجها في المرحلة الثانوية المتطورة.

---

[١]- الكفايات التعليمية اللازمة لمعلمي الرياضيات: نبيل حسين الفهيم، ص ٨١،٨٠ .

[٢]- الاحتياجات التدريبية : علي ردمان، مرجع سابق، ص ٣٣.

ولعل من نافلة القول: إن معرفة كفايات التكوين الفعلية المبنية على أسس علمية تعد خطوة ضرورية لا بد منها، عند بناء البرنامج التكويني للمعلمين وتنفيذه، خاصة في المرحلة الثانوية، بل تعد الضمان الأول للمساعدة في إنجاح البرنامج وتحقيق غاياته. وبدون ذلك قد يكون هذا العمل مجرد إهدار للوقت والمال والجهد دون الحصول على الفائدة المرجوة المخطط لها؛ أي إيجاد معلمين يمتلكون القدرة والإبداع أثناء تنفيذ المقررات الدراسية بصورة فعلية، والقادرين على إحداث تأثيرات إيجابية نلمسها من خلال تعديل سلوك الطلاب بما يتفق مع الطموح والتطلع المواكب لروح العصر.

والجدير بالذكر أن كثيرا من الدراسات قد بينت أهمية تحديد ومعرفة الكفايات التكوينية للمعلمين من خلال عملية تدريبهم، فهي تعد الأساس في البناء للبرامج اللازمة لتلك العملية.

من هذا المنطلق يتم التأكيد على ضرورة تحديد تلك الكفايات عند بناء برنامج تدريبي للمعلمين، الذي يبنى على بعدين أساسيين هما:

البعد التحديدي والبعد المعرفي للكفايات التكوينية لمعلمي اللغة العربية بغية مساعدتهم وإحراز الفائدة لديهم بوضوح وأكثر تحديداً، حتى يتعمق لديهم الفهم الصريح والصحيح لمهامهم المستقبلية في الميدان العملي بصورة عالية التي تهدف إلى تحقيق أو بلوغ الكفاءة والرقي في الأداء والقدرة على الإبداع في العملية التعليمية، بما يكفل تحقيق المردودية بصورة عالية في ضوء غايات وأهداف التربية والتعليم المسطرة.

الأهداف:

١- إعداد وتطوير الكفايات التكوينية اللازمة لمعلمي اللغة العربية في مرحلة التعليم الثانوي.

٢- تحديد أهم الكفايات التكوينية اللازمة لتطوير تكوين معلمي اللغة العربية في مرحلة التعليم الثانوي.

٣- معرفة البرامج والتجديدات التكوينية المناسبة لمعلمي اللغة العربية للمرحلة الثانوية على ضوء الأهداف المراد تحقيقها.

٤- معرفة الفروق بين فئات معلمي اللغة العربية لتحسين مستوى التكوين أثناء الخدمة وتطويره.

٥- الإسهام في تقديم مقترحات تعزز مستوى تكوين معلمي اللغة العربية وتدريبهم وتأهيلهم في عملية التطوير.

٦- معرفة مدى امتلاك المعلمين للكفايات التكوينية وأهميتها.

٧- معرفة مدى ممارسة المعلمين للكفايات.

المصطلحات والمفاهيم:

لقد وردت بعض المصطلحات الرئيسة التي ينبغي تعريفها:

- كفايات التكوين:

ورد في لسان العرب ما يلي: (كفأ: كافأه على الشيء مكافأة، وكفاء... والكفء: النظير والمساوي، ومنه الكفاءة).[1]

كما جاء في المنجد في اللغة العربية المعاصرة :[2] إن مصطلح كفايات مفردها كفاية وتختلف عن مصطلح الكفاءة ، فالكفاية تعني سد الحاجة، ما يكفي ويغني عن غيره، وتعني الاستغناء ، فكفى الشيء يكفيه كفاية فهو كافٍ.

ورد في المعجم الوسيط معنى الكفاية (كفاه') الشيء كفاية، وجاء في التنزيل العزيز (وكفى بالله حسيبا)، وكفى بالله شهيدا، ويقال: كفاه مؤنة، (الكفء) ما تكون به الكفاية.[3]

أما الكفاية اصطلاحاً: تعرف حسب استعمالها في هذا العلم أو ذاك.[4]

في اللسانيات التوليدية: استخدمت لوصف المعرفة الفطرية.

في مجال التدريس: الأهداف التي يمتلكها الفرد في لغته مقابلاً للأداءات السلوكية ومرادفاً للأهداف العامة.

وفي نطاق التكوين: وصف بنيات من الأفعال والأنشطة التي تتيح للفرد أداء مهام معينة.

---

[1] لسان العرب: ابن منظور، ج ٥، ص ٤١٣.
[2] المنجد في اللغة العربية المعاصرة : لويس معلوف اليسوعي، ص٤٥٢ ، ٩١٤، ١٢٤٠ ، ١٢٥٩.
[3] المعجم الوسيط: مجمع اللغة العربية، ص ٧٩٣.
[4] التكوين المستمر وتطوير كفايات المدرسين: عبد اللطيف الفارابي، ص٢٣ .

وفي مدلولها العام: كل ما يتيح حل المشكلات المهنية في سياق خاص عن طريق تحريك مختلف القدرات بكيفية مندمجة.

ويعرف عبد الرحمن جامل الكفايات: بأنها مجمل السلوك الذي يتضمن المعارف والمهارات الأدائية ، بعد المرور في تعلم محدد يظهر أثره على الأداء، ويقاس من خلال أدوات [١].

وتعرف الكفاية بأنها: تلك المقدرة المتكاملة التي تشمل مجمل مفردات المعرفة والمهارات والاتجاهات اللازمة لأداء مهمة ما[٢].

وتعرف الكفاية بأنها: " كفاءة قانونية أو مهنية مطلوبة لتحمل مهام ما أو التكلف بعمل ما"[٣].

تكوين: وتعني ولادة، نشوء، تدريب: (تكوين مهني)، تربية وتعليم، (تدريب رياضي).

والتدريب يعني التزويد بالدراسات العلمية والعملية التي تؤدي إلى رفع درجة المهارة في أداء واجبات الوظيفة.

ويرى ميلاري Mialaret بأن التكوين (يشمل فعل تعلم منهجي لمعرفة ولمهارة، ويشمل التدريب على أنواع السلوكات المطلوبة للقيام بدورها، وبالتالي، فإن الشخص بكامله هو المعني بفعل التكوين)[٤].

كما عرفت بأنها[٥]: (مجموعة التغيرات المطلوب إحداثها في معلومات وخبرات المعلمين التي ينبغي أن يحتوي عليها برنامج التدريب المقدم لهم لرفع مستوى أدائهم).

---

[١]- الكفايات التعليمية :عبد الرحمن جامل، ص١١، ١٢ .

[٢]- كفايات التدريس: سهيلة محسن الفتلاوي، ص٢٨ .

[3] -Dictionnaire de la Langue Pédagogique : Paul Foulquié, p :86.

[٤]- تقييم برنامج تدريس اللغة العربية : محمد قصيرة، ص٩ .

[٥]- الاحتياجات التدريبية :علي ردمان، مرجع سابق ، ص١٠.

أو هي: (ما يحتاج إليه المعلم لرفع مستواه حتى يستطيع القيام بعمله على أكمل وجه، دون وجود فجوة ... بين ما هو عليه الواقع التعليمي).

ويرى بول فولكي (Paul Foulquié) أن التكوين المهني هو:"مجموعة من الطرائق التي يمكن توظيفها من أجل تطوير المعرفة أو المهارة التي تتطلبها مهنة محددة"[١].

- التعريف الإجرائي للكفايات التكوينية:

هي اتجاهات وقدرات ومعلومات واحتياجات لازمة أثناء القيام بعملية تكوين المعلمين لسد حاجاتهم المعرفية والمهنية، بغرض الرفع من مردودية أدائهم والوصول إلى وضعية أفضل لمستوى التكوين، لضمان وجود معلمين يمتلكون كفايات عالية، تمكنهم من التغلب على المشكلات الميدانية التي تعترض سير عملهم.

- معلمو اللغة العربية:

المعلم: (مهني متخصص في مجال التربية والتعليم، وذلك بمقتضى تكوين مهني، بمراكز تكوين المعلمين)[٢].

اللغة: جاء في لسان العرب بأنها: أصوات يعبر بها كل قوم عن أغراضهم، وهي على وزن فعلة من الفعل لغوت أي تكلمت[٣].

وقد جاء في الخصائص، في باب: القول على اللغة، وما هي بأن اللغة هي: "أصوات يعبر بها كل قوم عن أغراضهم، وأصلها لغوة، ككرة، قلة، وثبة"[٤].

[1]- Dictionnaire de la Langue Pédagogique : Paul Foulquié, op.cit , p :223.

[٢]- تقييم برنامج تدريس اللغة العربية : محمد قصيرة، مرجع سابق، ص١٠.

[٣]- لسان العرب: ابن منظور، م ٢ ، ج ١، مرجع سابق، ص ٢٤٢.

[٤]- الخصائص: أبو الفتح عثمان بن جني، ج١، ط٨ ، ص ٣٣.

وعرفها طعيمة بأنها: (مجموعة من الرموز التي يحكمها نظام معين، التي يتعارف أفراد مجتمع ذي ثقافة معينة على دلالاتها)[1].

كما عرفت اللغة بأنها:" كفاءة للتعبير عن الأخطار على مستوى الجهاز الصوتي يكون اللسان أهم مكوناته، أو أنها بنية فطرية طبيعية غريزية داخل كل فرد"[2].

- أما التعريف الإجرائي لمعلمي اللغة العربية:

فهم كل المعلمين الذين يقومون بتدريس مادة اللغة العربية من الصف الأول وحتى الثالث من المرحلة الثانوية في مدارس أمانة العاصمة ومدينة ذمار بالجمهورية اليمنية.

---

[1] - تعليم اللغة العربية لغير الناطقين بها، مناهجه وأساليبه: رشدي أحمد طعيمه، ص٢١.
[2] - Dictionnaire de la Langue Pédagogique : Paul Foulquié,op.cit, p :281.

الفصل الثاني
الدراسات السابقة

أولاً : تكوين المعلم وكفاياته في آثار بعض الدارسين.

يتناول هـذا الفصـل عرضـا لـبعض الدراسـات السـابقة، التي أجريت في مجـال تكوين المعلمـين وكفاياتهم بصفة عامة، ومعلم اللغة العربية في المرحلة الثانوية بصفة خاصة، وذلك على مسـتوى اليمن، وبعض الدول العربية، من أجل معرفة ما استهدفته، وما انتهجته من أساليب، وما اتبعته مـن خطوات، وما استخدمته من أدوات بحثية في المعالجة والتقصي لقضايا موضوع الدراسة والبحث، وما توصلت إليـه من نتائج. وذلك بهدف الإفادة منها في تناول إشكالية الدراسة الحالية، والأخذ ببعض والأساليب والأدوات التي قد تفيدنا في تناول الإشكالية الحالية ومعالجتها. وسـوف نركـز على الدراسـات الميدانيـة المتعلقـة بالكفايات والتكوين وبرامجه. وسيتم عرضها على النحو التالي:

١.   تكوين المعلم وكفاياته في آثار بعض الدارسين.

٢.   قراءة في نتائج الدراسات.

وقد اعتمدنا في العرض على معيارين هما:

أ-   حسب التاريخ الذي تمت فيه الدراسة (التسلسل الزمني).

ب-   الترتيب حسب الحروف الهجائية إذا تساوت بعض الدراسات في التاريخ.

❖ **دراسة العيوني (1992م)**[1]:

موضوع الدراسة :

تناولت الدراسة الكفايات التعليمية لمعلم العلوم في المرحلة الابتدائية في السعودية، وقد هدفت إلى معرفة تلك الكفايات، ومعرفة ترتيب مجالات الكفايات حسب مراحل الدرس، بالإضافة إلى معرفة الفروق في تحديد أهمية الكفايات، وتحديد أهمية كل مجال من مجالات الكفايات.

● **منهج الدراسة:**

لقد اعتمد الباحث لتحقيق أهداف الدراسة، على عينة من جميع أعضاء هيئة التدريس وعددهم (247) فردا، وهي مجتمع الدراسة بكامله، وقد استخدم الاستبانة كأداة لتنفيذ ذلك، شملت خمسة مجالات للكفايات.

● **نتائجها : تلخصت نتائج الدراسة في الآتي:**

١. يوجد اتفاق قي تحديد أهمية أكثر من 50% من الكفايات.

٢. يوجد اتفاق في ترتيب ثلاثة مجالات واختلاف في ترتيب مجالين.

٣. توجد فروق دالة في تحديد أهمية مجال كفايات لصالح العلميين التربويين.

٤. لا توجد فروق دالة في تحديد أهمية أربعة من مجالات الكفايات بين أفراد العينة.

٥. توجد فروق في تحديد أهمية مجال كفايات التخطيط والإعداد لصالح العلميين التربويين.

---

[1] - الكفايات التعليمية لمعلم العلوم في المرحلة الابتدائية : صالح محمد العيوني.

- **تقييمها :**

يوجد اتفاق حول تحديد الكفايات وأهميتها ومجالاتها، ويكمن الاختلاف في المرحلة والمادة، حيث تناولت الدراسة الكفايات التعليمية. أما الدراسة الحالية فتتناول الكفايات التكوينية لمعلم اللغة العربية للمرحلة الثانوية في اليمن. وقد تمحورت الفائدة في الجانب النظري والإطار المنهجي، وخاصة ما يتعلق بالكفايات.

❖ دراسة القدمي : (1993م)[1]:

موضوع الدراسة:

اهتمت هذه الدراسة بالكفايات التدريسية اللازمة لمدرسي التاريخ للمرحلة الثانوية في اليمن. وهدفت بصفة رئيسة إلى تحديد الكفايات التدريسية الأدائية اللازمة لمدرسي التاريخ في المرحلة الثانوية بأمانة العاصمة، كما اهتمت بصورة ثانوية بترتيب الكفايات التدريسية اللازم توافرها لدى أفراد العينة من حيث أهميتها التدريسية وآراء المدرسين أنفسهم، وفق الاختصاص والتأهيل التربوي.

- **منهج الدراسة :**

اتبع الباحث عدة خطوات لإنجاز الدراسة، حيث استخدم الاستبانة المفتوحة والدراسة الاستطلاعية والمقابلة الشخصية والأدبيات وعملية التحليل، وصولا إلى الاستبانة المحتوية قائمة الكفايات. وقد اعتمد في تنفيذها على مدرسي التاريخ في المرحلة الثانوية بأمانة العاصمة (صنعاء) لعام (1992م)، بالإضافة إلى أعضاء هيئة التدريس في قسم الاجتماعيات والعلوم التربوية والنفسية بكلية التربية

[1]- الكفايات التدريسية اللازمة لمدرسي التاريخ بالمرحلة الثانوية في اليمن: علي حسن القدمي.

بصنعاء، وهيئة التاريخ لكلية الآداب بالجامعة نفسها. وقد بلغت عينة البحث ثلاثة وسبعين مدرسا ومدرسة وتدريسيا تم اختيارهم بالطريقة العشوائية الطبقية.

● نتائجها:

■ حصلت قائمة الكفايات اللازمة على الموافقة مع اختلاف درجة الموافقة من جميع أفراد العينة. كما حصلت قائمة الكفايات اللازمة على موافقة مدرسي التاريخ مع اختلاف درجة الموافقة.

■ لا توجد فروق ذات دلالة إحصائية عند مستوى (0.5).

■ اتفق أفراد العينة على ترتيب المجالات على النحو الآتي:

١- كفاية تخطيط الدرس.

٢- كفاية الأهداف والفلسفة التربوية.

١- كفاية التقويم.

٢- كفاية العلاقة الإنسانية.

٣- كفاية تنفيذ الدرس.

٤- كفاية استثارة الدافعية.

٥- الكفاية العلمية والنمو المهني.

● تقييمها:

حاولت الدراسة تقديم قائمة بالكفايات التدريسية اللازمة لمدرسي التاريخ في المرحلة الثانوية باليمن، وكذلك إبراز أهمية مهنة التعليم ودور المعلم في تنشئة

الأجيال والتنمية، بينما تهدف الدراسة الحالية إلى تحديد قائمة الكفايات التكوينية لمعلمي اللغة العربية في المرحلة الثانوية، ومدى ممارستهم لها.

ونلاحظ أن الدراستين تسيران في مسلك واحد، وهو الرفع من فاعلية الأداء لدى المعلم بشكل عام مع اختلاف الدراستين من حيث المادة التعليمية.

وقد أفادت منها الدراسة الحالية في تطوير قائمة الكفايات اللازمة علاوة على الأسلوب المنهجي.

❖ <u>دراسة قصيرة٢٠٠٢[١]:</u>

تناولت الدراسة: تقييم برنامج تدريس اللغة العربية بمراكز تكوين المعلمين والمعلمات.

وهدفت الدراسة إلى معرفة مدى تأثير ما يتلقاه المعلم المتدرب- أثناء تكوينه، من برامج وطرائق ديداكتيكية وتربوية، وأدوات ووسائل، وتداريب عملية- على عطائه بعد تخرجه، وإلى تحسين جودة التعليم بالنظر إلى طرائق التدريس والوسائل والآليات المستعملة.

* **منهج الدراسة:**

استخدم الباحث في دراسته الميدانية، الاستمارة التي اشتملت على عدد من الأسئلة، قدمت إلى أفراد العينة، تتعلق بآرائهم وأذواقهم وتصرفاتهم. وقد اختيرت العينة بالطريقة العشوائية، وتكونت من:

١ ـ معلمين ومعلمات تحت التدريب في السنة الثانية في مركز تكوين المعلمين والمعلمات بالرباط، وبلغ عددهم (٤٦) معلما ومعلمة.

---

[١]- <u>تقييم برنامج تدريس اللغة العربية بمراكز تكوين المعلمين والمعلمات</u>: محمد قصيرة.

٢ ـ المعلمين الذين يمارسون مهنة التدريس بمدينة سيدي يحي الغرب بوسطية الحضري والقروي، وعددهم (٤٦) معلما ومعلمة.

* نتائجها:

تبينت الدراسة أن البرامج المتبعة بهذه المراكز التكوينية، لا تؤدي دورها الفعال، وأن المقررات الدراسية والحصص الزمنية، لم تكن كافية، وأن طرائق التدريس تكاد تكون واحدة في الغالب، وهي تلقينية.

وهذا يستدعي إعادة النظر في هذه البرامج، والعمل على تحسين طرائق التدريس بالمراكز التكوينية، والاهتمام بالمعلم مهنيا، وإعادة النظر في المدة الزمنية المخصصة لمواد اللغة العربية بالمراكز والمدارس.

* تقييمها:

اهتمت الدراسة بالمعلم وتدريبه، وبالوسائل والطرائق والبرامج اللازمة لذلك، ومن ثم سبل التنفيذ بصورة جيدة. وترى الدراسة الحالية المعلم حجر الزاوية في تحقيق الأهداف، وأن عملية الإعداد والتدريب للمعلم عملية واحدة مستمرة ومتكاملة، بالإضافة إلى أن استخدام الوسائل والطرائق الحديثة شيء لا بد منه لضمان تحقق الأهداف بدرجة عالية، وقد استفاد الباحث من الدراسة بصفة خاصة في بلورة الكفايات التكوينية المتعلقة بالمعلم، وطرائق التدريس والوسائل التعليمية.

❖ دراسة عبد الجواد ومتولي (1993م)[1]:

موضوع الدراسة:

تناولت الدراسة مهنة التعليم في دول الخليج العربي، وقد هـدفت إلى التعريـف بمعاييـر وأسـس إعداد المعلمين وتدريبهم والإشراف على جهودهم وتطويرها.

وكذلك تبويب المعايير بطريقة مقننة تحدد مراحل التكوين المهني للمعلـم كافة، والتطرق إلى بنية التعليم التي تسير في اتجاه عملية التمهين، وأخيرا التوصل إلى بعض التوصيات والمقترحات التي تساعد على تطوير واقع المعلم في دول الخليج.

● منهج الدراسة:

تم استخدام المنهج الوصفي في هذه الدراسة، لوصف ما هـو كـائن، وتفسـير وتحديـد الظروف والعلاقات التي تتشابك في الظاهرة التربوية. وقد اشتملت الدراسة علـى عينـة مكونـة مـن (2203) مـن العاملين في مجال التعليم، تم اختيارهم بطريقة طبقية عشوائية، حيـث تـم بناء معيار لقياس جوانب بنية التعليم.

● نتائجها: كشفت الدراسة النتائج الآتية:

١. هناك عدة عناصر من بنية مهنة التعليم في دول الخليج العربي التي حققت نموا نحو التمهين.

٢. اختلاف استجابة أفراد العينة عند إبداء آرائهم وانطباعاتهم عن معايير تمهين التعليم حسـب متغيرات الدراسة.

---

[1]- مهنة التعليم في دول الخليج : نور الدين محمد عبد الجواد، مصطفى محمد متولي.

٣. إن عناصر بنية مهنة التعليم التي اختلفت استجابات أفراد عينة الدراسة حولها بلغت نسبتها 2.34% فقط.

● تقييمها :

تهدف الدراسة إلى تجويد عملية الإعداد والتدريب للمعلمين في دول الخليج العربي، وإيجاد معايير ضابطة لتلك العملية لضمان الجودة والسعي إلى تطوير واقع المعلم، بينما تهتم الدراسة الحالية بعملية تكوين معلمي اللغة العربية للمرحلة الثانوية في اليمن، وتحديد الكفايات التكوينية اللازمة لهم، بهدف الارتقاء بالمعلم ليقوم بدوره على أتم وجه، وكذلك الكشف عن مدى ممارسة المعلمين لتلك الكفايات؛ أي أن الدراستين اتفقتا في الهدف والمنهج. وقد استفاد الباحث من الدراسة في صياغة الإطار النظري وأسلوب المعالجة للظواهر التربوية.

دراسة الفارابي (1995م)[1] :

موضوع الدراسة:

تناولت الدراسة تكوين مدرسي اللغة العربية، وتقويم الوضعية الراهنة، واستشراف آفاق التطوير، وهدفت إلى معرفة مواصفات الوضعية الراهنة، ومدى استجابتها لمتطلبات الوضعية المنشودة .

● منهج الدراسة :

تنوعت الأدوات اللازمة لإنجاز الدراسة حسب تنوع موضوعات تقويم مناهج تكوين مدرس اللغة العربية، حيث تم استخدام شبكة التحليل للمضمون، وأدوات الاستقصاء والاختبارات.

---

[1]- تكوين مدرس اللغة العربية : عبد اللطيف الفارابي.

● نتائجها: أسفرت الدراسة عن النتائج التالية:

١. وضع نموذج لتقويم مناهج التكوين وتطويرها، استنادا إلى مقاربة النظم واتخاذ القرار.

٢. تحديد مرجعية مهنية لتكوين مدرس اللغة العربية، بحيث تقدم هذه المرجعيات النظرية صورة جديدة للمدرس؛ وتكون لها أبعاد هي:

ـ المدرس المخطط القادر على التوقع والتخطيط.

ـ المدرس الوسيط القادر على خلق فرص للتبادل بينه وبين جميع أطراف أو بين الأطراف نفسها والمحيط.

ـ المدرس المبتكر القادر على الإسهام في التغيير المستمر.

٣ . تغطى أشكال اكتساب المعرفة وأعمال التطبيق المرتبطة بها.

٤. أبدى الطلاب مؤهلات منهجية ومهارات مقبولة وأحيانا مستحسنة في مهارات تحضير الدروس.

٥. لم تكن اتجاهات الطلاب نحو الذات والمحيط تامة الايجابية.

٦. وجود فروق فردية بين الطلاب: بين الضعيف والمتوسط.

٧. عدم وجود فروق بين الطلاب في المراكز التربوية الجهوية وطلاب المدارس العليا.

٨. أبدى الطلاب مؤهلات منهجية ومهارات مقبولة وأحيانا مستحسنة في مهارات تحضير الدروس .

٩. لم تكن اتجاهات الطلاب نحو الذات والمحيط تامة الايجابية .

١٠. عدم وجود فروق بين الطلاب في المراكز التربوية الجهوية وطلاب المدارس العليا.

* تقييمها:

تناولت الدراسة عملية التكوين، من خلال تشخيص الوضعية الراهنة ورسم صورة للوضعية المستقبلية، وحددت ملامح المدرس المطلوب في المستقبل، واستخدمت أدوات متعددة لإنجاز الدراسة، بينما اهتمت الدراسة الحالية بتحديد قائمة الكفايات، ومدى ممارستها من قبل المعلمين، في ضوء مدخل الكفايات؛ أي أنها تسعى إلى التعمق في الجانب المهني للمدرس بشكل أكبر، حتى تتحقق فيه التنمية المهنية بصورة مستمرة وفقاً للتطورات. كما استخدمت المنهج الوصفي التحليلي وأداتي الاستبانة والملاحظة. وقد تم الاستفادة من هذه الدراسة ما يتعلق بالمعالجات المنهجية و بدائل تطوير الوضعية المرغوبة.

❖ دراسة محمد محمود (1995م)[1]:

موضوع الدراسة:

تناولت هذه الدراسة بإجراءات دراسة مقارنة بين برامج إعداد معلم المرحلة الثانوية في العالم العربي، وقد هدفت إلى معرفة أهداف ومحتوى كل كلية من الكليات وخطط الدراسة فيها، ومعرفة أوجه القصور لمعالجتها وتلافيها، واقتراح بعض التصورات التي تسهم في علاج أوجه القصور، وتدعيم أوجه القوة.

* منهج الدراسة:

استخدم الباحث في هذه الدراسة المنهج المقارن لإنجازها. وقد اعتمدت على عينة مكونة من عدد من كليات التربية في العالم العربي، حيث بلغ عددها

[1] - دراسة مقارنة لبرنامج إعداد معلم المرحلة الثانوية : محمد مالك محمد سعيد محمود.

(6) كليات، واستخدمت مقياسا محكما لتقويم برامج إعداد معلـم التعلـيم الثانوي، يتكـون مـن (9) معايير.

* نتائجها:

لقد أسفرت الدراسة عن النتائج الآتية:

أولا : بالنسبة لأهداف الكليات :

١- يتجاهل معظمها إعداد المعلم كإنسان وتثقيفه تثقيفا مهنيا أو عاما.

٢- تحتاج إلى إعادة نظر لكي يمكن تفسيرها إجرائيا.

٣- تضمنت أهداف معظم الكليات تحقيق الوظيفة الثالثة من وظائف الجامعة ، وهـي خدمـة المجتمع.

٤- لم تنص جميع الأهداف على تحقيق الطلاب لتربية تلاميـذهم تربيـة إسلاميـة، كـذلك عـدم العناية باللغة العربية الفصحى.

ثانيا: بالنسبة إلى محتوى البرامج:

١- هناك تفاوت بين البرامج من حيث عدد الساعات والمحتوى في مختلف البلدان العربية.

٢- يكاد الجانب الثقافي أن يكون معدوما في البرامج، وإذا وجد لا يعطى حقه.

٣- طغيان الجانب التخصصي على الجانب الثقافي والمهني.

٤- لم يأخذ الإعداد المهني حقه في معظم البرامج، وخاصة التدريب الميداني.

٥- غلبة الجانب النظري على العملي في الجانب المهني.

٦- غياب الاتجاهات الحديثة في الأداء داخل الفصل في الجانب المهني للبرامج.

٧- تعود كثير من الإخفاقات إلى نظام الدراسة المتبع.

٨- لم تقدم خبرات للطلاب حول مشكلات العالم المعاصر.

تقييمها:

لقد أفادت الدراسة الحالية من حيث الكشف عن أهداف وبرامج الكليات التي يتم فيها صناعة معلم المستقبل، كما كشفت عن السلبيات والإيجابيات في نظام الدراسة المتبع فيها. كما أنها أفادت الباحث من الناحية المنهجية والأسلوبية في تناول الظواهر المتعلقة بعملية الإعداد.

❖ **دراسة مادي لحسن(1995م)[١]:**

موضوع الدراسة:

تناولت هذه الدراسة النظام التعليمي بالمغرب وسياسة تكوين المدرسين، وقد هدفت الدراسة إلى تعميق المعرفة في ميدان تكوين المدرسين، والإسهام في نظام تكوينهم من خلال تحليل أنظمة التكوين واقتراح نماذج للتكوين.

*** منهج البحث:**

لقد استخدم الباحث لإنجاز هذه الدراسة المنهج المقارن ، كما هو واضح من عنوان البحث وأسئلته وأهدافه. واعتمد في جمع المعلومات على زياراته لبعض مؤسسات تكوين المدرسين، وإجراء اللقاءات في هذه المؤسسات، بمسؤولين إداريين وأساتذة مكلفين بالتكوين، بالإضافة إلى الوثائق المختلفة حول عمليات التكوين، والاتصال ببعض المؤسسات للتزود بالوثائق اللازمة (كاليونسكو)،

١- النظام التعليمي بالمغرب وسياسة تكوين المدرسين: مادي لحسن.

وذلك بهدف الحصول على المعلومات المتصلة بأنظمة التعليم والتكوين في دول أخرى.

* **نتائجها: لقد أسفرت الدراسة عن نتائج عدة، أهمها:**

١. وجود علاقة بين النظام التعليمي وتكوين المدرسين، وقد دخل هذا النظام مرحلة تتميز بالغموض، وتطوير تكوين المدرسين مرتبط بنفس الغموض.

٢. الإصلاحات في كل من فرنسا وكندا واليابان، هي عبارة عن إصلاحات قامت على أساس تطوير أداء المدرسين.

٣. أهمية التكوين النفسي- التربوي جاءت في المرتبة الثالثة بعد التكوين العملي والتكوين التخصصي.

٤. بالنسبة للفروع التي يتم التركيز عليها في التكوين النفسي، فإنها على النحو التالي:

النماذج وطرائق التدريس، وعلم النفس والأهداف التربوية، بينما يقل الاهتمام بدينامكية الجامعات ومناهج البحث.

٥. وجد المدرس في فروع التكوين النفسي معطيات تساعده على القيام بمهام التدريس.

٦. بالنسبة للوسائل والطرائق، فإن أسلوب الإلقاء هو السائد.

٧. بالنسبة لكفاءة التدريس المتمثلة في التمكن من صياغة الأهداف، واختيار محتويات الدرس، ووضعيات التنفيذ المناسب وأساليب التقويم، تبين أن المدرسين متمكنون نسبيا منها.

٨. أن الكفاءات الأخرى: التواصل و البحث والتوجيه والإرشاد، تحققت بنسب أقل من كفاءة التدريس.

* تقييمها:

لقد تناولت الدراسة النظام التعليمي بالمغرب وسياسة التكوين، بينما الدراسة الحالية تتناول الكفايات التكوينية لمعلمي اللغة العربية للمرحلة الثانوية باليمن. وقد اعتمدت على المنهج المقارن بينما تعتمد الدراسة الحالية على المنهج الوصفي التحليلي، وعلى أداتي الاستبانة والملاحظة.

وتمت الإفادة من هذه الدراسة فيما يتعلق بالجانب النظري لمعرفة أساليب التكوين، والسياسة المتبعة في كل من المغرب وفرنسا وكندا واليابان، ومعرفة جوانب القوة فيها واستثمارها في هذه الدراسة، علاوة على استلهام الأسلوب التحليلي منها كبعد رصين للتعامل مع الظواهر التكوينية، وإن كان محصورا في زاوية واحدة هي سياسة التكوين في تلك الدول، وأخيرا التزود من الجوانب المنهجية المختلفة في بعديها النظري والميداني.

❖ دراسة اليماني (1998م)[1]:

موضوع الدراسة:

تناولت الدراسة تقويم برنامج إعداد معلم اللغة العربية بالمرحلة الثانوية في كلية التربية بجامعة عدن. وقد هدفت الدراسة إلى إعداد قائمة تتضمن المعايير العامة التي ينبغي توافرها في البرنامج، إلى جانب تشخيص واقع ذلك البرنامج في ضوء قائمة المعايير لمعرفة مواطن القوة والضعف فيه، ومعالجة مواطن الضعف في البرنامج من أجل تطويره مستقبلا.

---

[1] - تقويم برنامج إعداد معلم اللغة العربية : أحمد مهدي علي اليماني.

◆ **منهج الدراسة:**

لقد تم استخدام المنهج الوصفي التحليلي لتنفيذ هـذه الدراسة، وكذلك اسـتخدام الاسـتبانة وبطاقة التحليل. وكانت عينة الدراسة مقصورة على طلاب المسـتوى الرابـع بكالوريوس كليـة التربيـة "بصبر" في محافظة "لحج".

◆ **نتائجها:**

أسفرت الدراسة عن النتائج التالية:

- من حيث الأهداف:

١. لا توجد أهداف مكتوبة لجانبين من جوانب البرنامج (الإعداد الأكاديمي، الإعداد الثقافي).

٢. عدم توافر أهداف هذين الجانبين.

٣. احتل الجانب التربوي المرتبة الأولى في البرنامج الحالي .

٤. احتل البرنامج الأكاديمي المرتبة الثانية في البرنامج الحالي.

٥. احتل البرنامج الثقافي المرتبة الأخيرة في البرنامج الحالي.

- من حيث المحتوى:

١. بلغ مجموع المعايير المقترحة لمحتوى البرنامج (308) معايير.

٢. احتل البرنامج التربوي المرتبة الأولى في البرنامج الحالي.

٣. احتل البرنامج الأكاديمي المرتبة الثانية في البرنامج الحالي.

- من حيث الزمن المخصص لمقرر البرنامج:

يحتاج معلمي اللغة العربية لتخريجهم من كلية التربية جامعة عدن، إلى (157) ساعة دراسية، موزعة على ثلاثة جوانب على النحو التالي:

١. الإعداد الأكاديمي: 115 ساعة.

٢. الإعداد التربوي: 32 ساعة.

٣. الإعداد الثقافي: 10 ساعات.

◆ تقييمها :

تناولت الدراسة تقويم برنامج إعداد معلم اللغة العربية في المرحلة الثانوية، وتشخيص هذا البرنامج في ضوء قائمة المعايير للكشف عن جوانب القوة والضعف في هذا البرنامج المطبق في كلية التربية بجامعة عدن.

أما الدراسة الحالية فتتناول تحديد قائمة الكفايات ومدى ممارستها من قبل المعلمين. واستهدفت معلم المرحلة الثانوية، وتنميته المهنية بصورة مستمرة قبل وأثناء الخدمة.

وقد استفادت الدراسة الحالية من الإطار المنهجي، وخاصة ما يتعلق بالناحية التحليلية وقائمة المعايير كضابط لإجراء عملية التقويم.

❖ **دراسة أنيسة (1999م)[1]:**

موضوع الدراسة:

هدفت هذه الدراسة إلى تقويم قائمة بالكفاءات التعليمية اللازمة لمعلمي اللغة العربية في المرحلة الثانوية، من أجل الإسهام في تقويم برنامج الإعداد وتقويم أداء الطالب المعلم، بالإضافة إلى تطوير برنامج الإعداد والتدريب في ضوء الكفاءات، مع إلقاء الضوء على واقع إعداد معلم اللغة العربية بالمرحلة الثانوية في اليمن.

◆ **منهج الدراسة:**

لقد اتبعت الباحثة المنهج الوصفي لتنفيذ الدراسة، واستخدمت الاستبانة الموجهة لكل من الخبراء المختصين في كلية التربية، وموجهي اللغة العربية ومعلميها في المرحلة الثانوية، بالإضافة إلى بطاقة الملاحظة. أما العينة فقد تكونت من معلمي اللغة العربية بالمرحلة الثانوية في محافظة عدن فقط.

◆ **نتائجها:** وقد أسفرت الدراسة عن النتائج التالية :

١. بناء قائمة بالكفاءات التعليمية اللازمة لمعلمي اللغة العربية في المرحلة الثانوية.

٢. كان مستوى أداء معلمي اللغة العربي للكفاءات العامة متوسطا.

٣. كان مستوى أداء معلمي اللغة العربية للكفاءات الخاصة عاليا نسبيا.

٤. حصلت ثمان عشرة كفاءة عامة على درجة ممارسة عالية.

٥. حصلت الكفاءات الخاصة على درجة ممارسة عالية وكان عددها اثنتين وعشرين كفاءة.

---

[1]- الكفاءات التعليمية اللازمة لمعلمي اللغة العربية في المرحلة الثانوية : أنيسة محمود هزاع .

٦. كان مستوى أداء معلم اللغة العربية للكفاءات العامة في تدريس الآداب والنصوص ضعيفا، وكذلك في تدريس القراءة والنحو.

٧. أظهرت نتائج البحث أن هناك تباينا في نتائج تحليل الاستبانة ونتائج تحليل بطاقة الملاحظة.

◆ تقييمها:

تناولت الدراسة الكفاءات التعليمية اللازمة لمعلمي اللغة العربية في المرحلة الثانوية، بينما تناولت الدراسة الحالية الكفايات التكوينية، ويعني هذا أن هناك اتفاقاً من حيث المرحلة والمنهج والأدوات. وقد تمت الاستفادة من الجانب النظري للدراسة، خاصة في إعداد قائمة الكفايات والأسلوب المنهجي، وفي عملية التحليل.

ويلاحظ أن الدراسة استعملت مصطلح الكفاءة، بينما استعملت الدراسة الحالية مصطلح الكفاية التكوينية، والكفاية تعد أشمل من الكفاءة.

❖ دراسة ردمان (2000م)[1]:

موضوع الدراسة:

تناولت الدراسة موضوع: الاحتياجات التدريسية لمعلمي اللغة العربية في مرحلة التعليم الأساسي.

وهدفت إلى معرفة أهم الاحتياجات التدريسية، وهل هناك اختلاف بين الاحتياجات التدريسية تبعاً لمؤهلات المعلمين، وأخيراً معرفة التصورات المقترحة لتلبية هذه الاحتياجات.

---

[1] - الاحتياجات التدريسية: علي أحمد ردمان.

◆ **منهج الدراسة:**

استخدم الباحث في دراسته المنهج الوصفي لجمع البيانات والمعلومات، معتمدا على الاستبانة والملاحظة، وبلغت عينة دراسته (170) فردا، منهم (20) موجها، و(150) معلما ومعلمة، لمادة اللغة العربية في التعليم الأساسي. وقد تم اختيار العينة بالطريقة العشوائية.

◆ **نتائجها: أسفرت نتائج الدراسة عن:**

١. كل الاحتياجات التدريسية في المجالات جمعيها ضرورية، مع مراعاة الترتيب: (التنفيذ، التقويم، التخطيط ، النمو المهني والتخصصي).

٢. وجود فروق ذات دلالة إحصائية عند مستوى 0.05 في الاحتياجات بين معلمي اللغة العربية، تبعا لنوع ومستوى المؤهل لصالح أعلى مستوى من المؤهلات.

٣. ضرورة عقد دورات تدريبية لجميع المعلمين، خاصة لذوي المؤهلات الدنيا.

◆ **تقييمها :**

تناولت الدراسة الاحتياجات التدريسية لمعلمي اللغة العربية في المرحلة الأساسية، بينما تناولت الدراسة الحالية الكفايات التكوينية ومدى ممارستها في المرحلة الثانوية، ومعرفة أهمية التكوين على أساس الكفايات، واعتبار عملية الإعداد والتدريب عملية واحدة مستمرة. وقد استفاد الباحث من هذه الدراسة في بناء الاستبانة، وفي المسائل المنهجية.

❖ **دراسة غوفير (2001م)[1]:**

موضوع الدراسة:

تناولت هذه الدراسة كفاءة المدرس وعلاقتها بالتحصيل الدراسي. وقد هدفت هـذه الدراسـة إلى إعطاء صورة حول مدى وجود علاقة بين كفاءة المدرس والتحصيل الـدراسي لـدى الطـلاب، بالإضافة إلى معرفة الفروق في درجات تحصيل الطلاب على أساس كفاءات مدرسيهم، ومعرفة مدى فعالية المـدرس في تحقيق أهداف النظام التعليمي.

◆ **منهج الدراسة:**

استخدم الباحث لإنجاز هذه الدراسة بطاقة الملاحظة لقياس كفاءة مدرس اللغة العربيـة الـذي يقوم بتدريس الصف السادس الابتدائي. وقد طبقت هذه الدراسة على عينة مـن معلمـي اللغـة العربيـة والمكونة من ثمانية وعشرين (28) معلما، وستمائة وتسعة وثمانين (689) طالبا.

وقد اعتمد كفاءة الدرس متغيراً مستقلاً ودرجات تحصيل التلاميذ متغيراً تابعاً.

◆ **نتائجها:**

أسفرت الدراسة عن النتائج التالية:

١. وجود علاقة ارتباطية موجبة بين المتغيرين؛ أي بـين كفـاءة المـدرس ودرجـات التحصيـل لـدى الطلاب في مادة التراكيب.

---

[1] ـ كفاءة المدرس وعلاقتها بالتحصيل الدراسي: فؤاد غوفير.

٢. وجود فروق ذات دلالة إحصائية، حيث كانت درجات تحصيل تلاميـذ المدرسـين الأكـثر كفـاءة أفضل من درجات تحصيل تلاميذ المدرسين الأقل كفاءة.

٣. وضوح فعالية كفاءة المدرس ودوره المهم في مستوى مردودية التحصيل الدراسي للتلاميذ.

◆ تقييمها:

تناولت الدراسة العلاقة بين كفاءة المدرس والتحصيل الـدراسي للتلاميـذ ومعرفـة مـدى فعاليـة الكفاءة التعليمية للمدرس كوسـيلة تربويـة للرفـع مـن مسـتوى تحصيل الطـلاب وكـذلك الرفـع مـن مردودية النظام التعليمي وتحسين جودته في المرحلة الأساسية في المغرب.

بينما تناولت الدراسة الحالية كفايات تكوين معلمي اللغة العربية في المرحلة الثانوية في الـيمن، وأهمية الكفايات في عملية التكوين بهدف إعداد المعلمين وتدريبهم للرفـع مـن مسـتوى الأداء المهنـي لديهم لتحقيق الفاعلية والمردودية لدى الطلاب، والتي تتجلى مـن خـلال رفـع مسـتوى تحصيل طـلاب المرحلة الثانوية للإسهام في التنمية في ضوء الجودة الشاملة والتعامل مع المنهج الجديد بكفاءة عالية.

وقد أفادت الدراسة من الإطار النظري حول العلاقة بين ارتباط امـتلاك المعلـم القـدرة والمهـارة، وبين مستوى الأداء من أجل تحقيق الأهداف المرجوة.

❖ **دراسة أوزال (2002م)**[1]:

موضوع الدراسة:

تناولت الدراسة تدريس اللغة العربية بالتعليم الأساسي في المغرب، وهدفت هـذه الدراسـة إلى كشف المنظومة المرجعية للخطاب النظري لمناهج اللغة العربية ووصف بنياتـه العامـة، ورصد الأسـس والمنطلقات العامة التي يقوم عليها، وقياس مستوى المردودية التعليميـة والتعلميـة، وتشـخيص وضعيـة التكوين التربوي بالمغرب، وربط جسور الحوار الثقافي والفكري والتربوي بين الفاعلين التربويين.

◆ **منهج الدراسة:**

لقد استخدم الباحث لإنجاز هذه الدراسة أداة الاستبانة والاختيار، وتقنية تحليل المحتوى ومنهجية تحليل الخطاب. وقد اشتملت العينة على الفئات التالية:

١. عينة المدرسين وبلغ عددها (400) مدرس مـن مـدرسي اللغـة العربيـة للطورين الأول والثـاني بالتساوي.

٢. عينة تقارير مفتشي اللغة العربية، وكان عددها (20) تقريـرا في كـل مـن الطورين الأساسيين الأول والثاني في الفترة ما بين 1988و2000م.

٣. عينة التلاميذ المستهدفين حيث بلغ مجتمع التلاميذ (200) تلميذ، اختيروا بالطريقة العشوائية.

◆ **نتائجها:** لقد خلصت هذه الدراسة إلى جملة من النتائج حول المسائل المطروحة في متنها، ومن أهمها:

١. إن الاستراتيجية التي يعتمدها خطاب المناهج تظل نظرية صرفة.

---

[1] - تدريس اللغة العربية بالتعليم الأساسي في المغرب :عبد الكامل أوزال.

٢. يظل المنهاج سجينا داخل خطاب الطريقة المنهجية على المستوى الإجرائي العملي، و يبدو هذا من خلال تفكيك عناصر المنظومة المرجعية التي يستند عليها.

٣. من خلال تحليل مكونات وحدة اللغة العربية بالتعليم الأساسي توصل الباحث إلى أن المنهاج مازال مسيجا بحدود ديداكتيك الجملة.

٤. تصب كل العمليات والأنظمة اللغوية المستهدفة في مجال العمل المعرفي.

٥. بالنسبة لتكوين مدرس اللغة العربية للطورين الأساسيين الأول والثاني، فإن المنطق الـذي يوجه عملياته وأنشطته هو منطق التدريس، ولم يفلح في المرور إلى منطقة التكوين في بناء الشخصية بناءا ديناميا.

٦. يظل مفهوم التكوين الذي يروجه خطاب المنهاج مفهوما صوريا.

◆ تقييمها:

لقد ركزت الدراسة على الخطاب النظري للمناهج من حيث المرجعية ورصد الأسس والمنطلقات التي يقوم عليها، وتشخيص وضعية التكوين التربوي بالمغرب ، بهدف معرفة العلاقة بين الأهداف والغايات، بينما تناولت الدراسة الحالية، تحديد قائمة الكفايات التكوينية لمعلم اللغة العربية للمرحلة الثانوية، والسعي إلى تطوير التكوين بهدف تكوين مدرس متمكن مـن أداء عملـه؛ أي أن هناك اتفاقا غير مباشر بين الدراستين من حيث الرؤية والغاية، وهو اتفاق جزئي في الأدوات والمنهجية. وقد أفادت هذه الدراسة من البعد التحليلي والمقارنة المنهجية لمعالجة الظواهر التربويـة في بعدها التكويني عـلى وجه الخصوص، بالإضافة إلى الإثراء في الجانب المعلوماتي النظري.

❖ **دراسة مراد (2002م)[1]:**

موضوع الدراسة:

تناولت هذه الدراسة الكفايات التعليمية لمدرسي العلوم في التعليم الأساسي بالمغرب. وهدفت إلى معرفة الكفايات التعليمية الواجب توافرها وإتقانها من قبل مدرسي علوم السلك الأول من التعليم الأساسي، وكذلك إبراز أهمية الكفايات من وجهة نظر المدرسين والمشرفين.

◆ **منهج الدراسة:**

استخدم الباحث استبانة موجهة للمدرسين والمدرسات، واستبانة ثانية موجهة للمشرفين والتربويين لمعرفة أهمية الكفايات من وجهة نظرهم، وقد اعتمد الباحث المنهج الوصفي.

◆ **نتائجها:** لقد أسفرت نتائج الدراسة عن:

١. تتسم معظم الكفايات التعليمية بالموضوعية والصدق، وأنها ذات أهمية عالية وأهمية متوسطة في مجموعها.

٢. يوجد شيء من الاتفاق بين مجموع مدرسي العلوم والمشرفين التربويين في ترتيب ثلاثة مجالات رئيسة من الكفايات التعليمية:

* كفاية التقييم، * الكفايات العلمية والمهنية، * كفايات العلاقات وإدارة الصف.

٣. توجد فروق ذات دلالة إحصائية في تحديد أهمية الكفايات لصالح المشرفين التربويين.

٤. لا توجد فروق ذات دلالة إحصائية بين أفراد العينة في تحديدهم لأهمية مجالات الكفايات:

---

[1] - الكفايات التعليمية لمدرس العلوم: نبيل مراد.

* مجال التنفيذ * التقييم * النمو المهني العلمي * العلاقات الإنسانية وإدارة الصف.

٥. توجد فروق ذات دلالة إحصائية حول مجال التخطيط والإعداد لصالح المشرفين التربويين.

٦. لا توجد فروق ذات دلالة إحصائية بين مدرسي الخبرة الطويلة والخبرة القصيرة في تحديد الكفايات.

◆ تقييمها:

أكدت الدراسة ضرورة الاهتمام بمدرسي العلوم في السلك الأول من التعليم الأساسي على أساس الكفايات التعليمية اللازم توافرها لديهم، والأخذ بفكرة الكفايات أثناء عملية التكوين وعند بناء برامج حديثة ومتطورة لإعداد وتدريب المدرسين.

بينما تنحو الدراسة الحالية نفس الاتجاه من حيث تحديد قائمة الكفايات وأهمية الأخذ بها أثناء التكوين، بالإضافة إلى اهتمامها بالمرحلة الثانوية. وقد استفاد الباحث من هذه الدراسة في بناء الإطار النظري وخاصة فيما يتعلق بتحديد قائمة الكفايات.

❖ دراسة مرعي (2003م)[1]:

موضوع الدراسة:

تناولت الدراسة تحديد الكفايات التعليمية الأدائية الأساسية عند معلم المدرسة الابتدائية في الأردن في ضوء تحليل النظم.

---

[1] شرح الكفايات التعليمية : توفيق مرعي.

وقد هدفت الدراسة إلى معرفة مكونات نظام الموقف التعليمي الصفي، والكفايات التعليمية التي يجب أن يمتلكها معلم المدرسة الابتدائية، ومدى معرفته بها وممارسته لها، بالإضافة إلى معرفة مدى أثر متغيرات السلطة المشرفة ووكالة الغوث الدولية، ونوع الإعداد قبل الخدمة وأثنائها، وحسب متغير الجنس.

◆ منهج الدراسة:

لقد تم الاعتماد على الاستبانة لتنفيذ الدراسة، حيث اشتملت على ستة مجالات، وتكونت الأداة من (85) كفاية موزعة حسب المجالات التي تمثل عناصر نظام الموقف التعليمي الصفي. وقد كان اختيار العينة بالطريقة العشوائية وبلغ عددها (467) معلما حسب المتغيرات. وقد تم استخدام أسلوب التحليل.

◆ نتائجها: أسفرت الدراسة عن النتائج التالية:

١. حددت عناصر نظام الموقف التعليمي الصفي.

٢. تم تحديد قائمة الكفايات الأساسية اللازم توافرها.

٣. حددت درجة أهمية كل مجال من المجالات الستة في كل اختبار، وحددت درجة أهمية كل كفاية في كل مجال وفي كل اختبار.

٤. احتل المجال الثالث المرتبة الأولى ويليه المجال الخامس، واحتل المجال الأول المرتبة السادسة والأخيرة في الاختبارات الثلاثة، يليه المجال السادس.•

٥. التأهيل أفضل من الإعداد بشكل عام، في مجال تحديد مدى ضرورة الكفايات، ودرجة ممارستها.

• - المجال الثالث هو اختيار الأنشطة وتنظيمها، والمجال الخامس هو تحقيق ذات المعلم، وأما المجال الأول هو التخطيط للتعليم، وأخيرا المجال السادس وهو تحقيق أهداف التربية بالنسبة للمتعلم.

٦. المعلمات يفقن المعلمين بشكل عام، في مجال تحديد مدى ضرورة الكفايات، ودرجة ممارستها.

٧. فئات وكالة غوث اللاجئين أفضل من الفئات الحكومية.

◆ **تقييمها:**

لقد أفادت الدراسة الحالية من هذه الدراسة من الناحية النظرية، خاصة فيما يتعلق بالكفاية وتعريفها ومصادر اشتقاقها، وكذلك في تربية المعلمين القائمة على الكفاية وأهمية هذه الحركة في تكوين المعلمين وامتلاكهم للكفايات بوصفها أبرز الاتجاهات وأفضلها في هذا الخصوص، كما استفاد الباحث من الدراسة في بناء أداة البحث وفقراتها، وأخيرا في الأسلوب والمنهج المتبعين.

◆ **دراسة العريني (2003م)**[١] **:**

موضوع الدراسة:

تناولت الدراسة الكفايات الأساسية لمديري المدارس، وهدفت إلى تحديد الكفايات الأساسية وبناء مقياس للكفايات، وإلى معرفة مدى الممارسة، ومعرفة الفروق.

◆ **منهج الدراسة:**

المنهج الوصفي التحليلي هو المنهج المتبع في تنفيذ هذه الدراسة. وقد تم تطبيق المقياس على عينة أولية، ثم تطبيقه على عينة الدراسة الرئيسة للإجابة عن الأسئلة.

---

[١] - الكفايات الأساسية لمديري المدارس: عبد العزيز بن عبد الله العريني .

يتكون مجتمع الدراسة من مديري مدارس التعليم العام كافة بمراحله الـثلاث، وقـد تـم اختيـار العينة بواقع 15% باستخدام الطريقة العنقودية.

◆ نتائجها: أسفرت الدراسة عن النتائج التالية:

١. يمارس مديرو مدارس التعليم العام كفاياتهم الأساسية بدرجة عالية.

٢. عدم وجود فروق تبعا لمتغيرات المؤهل العلمي.

٣. وجود فروق عند مستوى الدلالة (0.05) تبعا لمتغير الخبرة والمنطقة التعليمية.

٤. عدم وجود فروق ذات دلالة إحصائية عند مستوى (0.05) تبعا لمتغير المرحلة.

◆ تقييمها:

نلاحظ أن الدراسة تعرضت لتحديد الكفايات الأساسية لمديري المدارس، والدراسة الحالية تناولت تحديد الكفايات التكوينية اللازمة لمعلمي اللغة العربية في المرحلة الثانوية.

و يعني هـذا أن الدراستين اتفقتـا في تحديد الكفايات، وكـذلك في المـنهج المستخدم وتركـز الاختلاف حول نوعية العينة وعددها. وقد أفادت الدراسـة الحاليـة مـن المنهجيـة والمعلومات المتعلقـة بالجانب النظري.

❖ **دراسة الطروانة[1]:**

موضوع الدراسة:

لقد تناولت هذه الدراسة الاحتياجات التدريبية لمعلم تربية لواء الأغوار في الأردن، وقد هدفت إلى تحديد الاحتياجات التدريبية للمعلمين من وجهة نظرهم، والمشرفين التربويين ومديري المدارس الحكومية لمعرفة الفروق في الحاجات التدريبية للمعلمين، والتي تعزى لمتغير الوظيفة والمؤهل والخبرة.

◆ **منهج الدراسة:**

من أجل تنفيذ الدراسة قام الباحثون بإعداد استبانة مكونة من (34) فقرة غطت أربعة مجالات، وتكونت العينة من (70) معلما ومعلمة، و (20) مديرا ومديرة .

◆ **نتائجها: لقد أسفرت الدراسة عن النتائج التالية:**

١. وجود حاجات تدريبية في جميع مجالات الدراسة (إدارة الصف والتعامل مع التلاميذ، والأساليب والأنظمة، والتخطيط للتعليم، والتقويم).

٢. تبين عدم وجود فروق ذات دالة إحصائية تعزى إلى تفاعل الخبرة مع الوظيفة والمؤهل.

◆ **تقييمها:**

تناولت الدراسة الاحتياجات التدريبية ، والدراسة الحالية تتناول الكفايات التكوينية لمعلمي اللغة العربية في المرحلة الثانوية . فالدراستان تنحوان نحو تحسين مستوى المعلمين. وقد استفاد الباحث من الجانب النظري والمنهجي في بناء فقرات الاستبانة.

---

[1] - الاحتياجات التدريبية لمعلم تربية الأغوار: إخليف الطروانة، وآخرون، جامعة البحرين.

❖ **دراسة الفارابي[1]:**

موضوع الدراسة:

تناولت الدراسة التكوين المستمر وتطوير كفايات المدرسين المهنية في نظام التعليم بالمغرب، وذلك من خلال تحليل الوضع الراهن واستشراف آفاق التطوير في ضوء حاجات مدرسي اللغة العربية. وقد هدفت الدراسة إلى إدماج خطاب جديد في مجرى التكوين بصفة عامة على أساس التدبير المقاولتي كمرجعية لهذا التوجه، وكذلك استقصاء مشكلة تطوير خبرات المدرسين، ورفع كفاياتهم في مسار هذا النظام، والكشف عن مواطن القوة والضعف في التجارب التي طبقت لرفع مستوى خبرات المدرسين وكفاياتهم، وللإسهام في رفع مستوى تدريس اللغة العربية وإغناء حقل التكوين ومباحثه بمناهج وأدوات ووسائل تساعد على عملية التحليل والتجويد في أبعاده المختلفة.

◆ **منهجية الدراسة:**

لقد استخدم الباحث أكثر من طريقة في هذه الدراسة ، منها منهج الاستقصاء والتحليل، ووظف الاستبانة كأداة لإنجاز العمل، واعتمد على عينة مكونة من مائة مدرس من السلك الثاني من التعليم الأساسي، ومدرسي السلك الثانوي.

◆ **نتائجها:** لقد أسفرت الدراسة عن عدة نتائج على مستوى الإطار النظري والدراسات السابقة وتحليلها، والإطار التطبيقي، كان أهمها اعتبار:

١. التكوين نظاما متكامل العناصر، وخاضعا لعمليات يتم تدبيرها تدبيرا منظما.

---

[1] - تكوين مدرس اللغة العربية : عبد اللطيف الفارابي.

٢. النظام ديناميا ينتج الكفايات عبر مسار للتناوب بين الفكر والعقل والمعرفة والممارسة .
٣. التكوين سعيا إلى تلبية حاجات الفرد .
٤. إن نموذج التكوين المستمر المنشود يقوم على تصور اندماجي بين البعدين الشخصي-والمؤسساتي في نظام متطور مستمر ودائم وشامل.
٥. تشكل المعرفة المهنية كلا منسجما لا يدرك إلا في سياق الممارسة.
٦. كل مشروع تكويني يتأسس على فهم حاجات المدرسين وقابليتهم.
٧. يشكل مدخل النظم مكونا أساسيا للتعامل مع مسألة تكوين مدرس اللغة العربية وتطوير خبراته المهنية .
٨. تعتمد استراتيجية التكوين على تحقيق مبدأ الفعالية والإنتاجية عن طريق التناغم بين مدخلات التكوين وعملياته ومخرجاته.
٩. تشكل الكفاية مدخلا من مداخل البحث بوصفها بنيات مندمجة تنجم عن التفاعل بين المدرس وبين الوضعيات المهنية .
١٠. يقدم التكوين المستمر خدمة للمدرس، لتطوير كفاياته في ضوء الجودة الشاملة.
١١. يسود تلك التجارب نموذج المدرس الذي لا يحقق تمفصلا تفاعليا بين التكوين وبين الممارسة.
١٢. يرغب المدرسون في اعتماد تجارب التكوين المستمر الأكثر انفتاحا على خبراتهم وتجاربهم.
١٣. يتجسم شكل الجودة في نقل الخبرة المكتسبة إلى سياق الممارسة والتطبيق.
١٤. ترجع عوائق جودة التجربة التكوينية إلى مشكلات تنظيمية وغياب الحوافز، وتقلص العمل الميداني.

١٥. المبادرة الفردية هي السبيل الوحيد إلى نقل الخبرة المهنية إلى ميدان التطبيق.

◆ **تقييمها:**

تناولت الدراسة التكوين المستمر وتطوير كفايات المدرسين المهنية في نظام التعليم في المغرب، وإدماج خطاب جديد في مسألة التكوين، وإغناء حقل التكوين بمناهج وأدوات ووسائل.

أما الدراسة الحالية فتتناول تحديد قائمة الكفايات التكوينية بصورة شاملة (أنواع الكفايات)، لتمثل منطلقا إجرائيا في عملية التكوين بصورة واضحة ومحددة الرؤية والاتجاه، وكذا الوقوف على مدى ممارسة المعلمين لتلك الكفايات في الواقع.

هناك اتفاق في وحدة الهدف بشكل عام، وهو تجويد أداء معلم اللغة العربية، من خلال امتلاك الكفايات واستثمار عملية التكوين لتحقيق ذلك.

وقد تمت الإفادة من الإطار النظري، بأبعاد منهجية عميقة في الأسلوب والتركيب والمعالجة، والاستثمار الأمثل للأدوات في القضايا المستهدفة بالدراسة وخاصة في مسألة التكوين وهندسياته، وتوظيف البعد المقاولاتي في مبدأ التكوين، كانطلاقة جديدة نحو التمهين.

❖ **دراسة كريمة الكحلاني (2005م)**[1]:

موضوع الدراسة:

تناولت الدراسة موضوع برنامج تدريبي مقترح لمعلمي التربية الإسلامية للتعليم الأساسي في ضوء احتياجاتهم التدريبية. وقد هدفت هذه الدراسة إلى معرفة أهم الاحتياجات التدريبية لمعلمي التربية الإسلامية للصفوف الثلاثة الأخيرة من التعليم الأساسي من وجهة نظر المعلمين والموجهين، إلى جانب استكشاف أولويات تلك الاحتياجات لدى عينة البحث، ووضع برنامج تدريبي مقترح في ضوء أهم تلك الاحتياجات.

◆ **منهج الدراسة:**

استخدمت الباحثة المنهج الوصفي التحليلي القائم على جمع البيانات والمعلومات وتشخيص الواقع، حيث بلغت عينة الدراسة (420) معلما ومعلمة، و (32) موجها وموجهة، وقد استخدمت أداة الاستبانة في عملية إنجاز الجانب الميداني من البحث .

◆ **نتائجها:** أسفرت نتائج الدراسة عن التالي:

١. تحديد الاحتياجات التدريبية.

٢. بناء البرنامج التدريبي المقترح وفقا للاحتياجات التدريبية التي تم التوصل إليها.

◆ **تقييمها:**

استفاد الباحث من هذه الدراسة ؛ بعض المعطيات في بناء الاستبانة، وكذلك في بناء الإطار النظري والمنهجي لتنفيذ خطوات البحث بالإضافة إلى كيفية بناء البرامج المقترحة لتدريب المعلمين في ضوء الاتجاهات الحديثة.

---

[1] برنامج تدريبي مقترح لمعلمي التربية الإسلامية في ضوء احتياجاتهم التدريبية : كريمة قاسم الكحلاني.

ونلاحظ أن الدراسة تناولت موضوع تقديم برنامج تـدريبي مقترح لمعلـم التربيـة الإسـلامية في المرحلة الابتدائية، بينما الدراسة الحالية تناولت تحديد قائمة الكفايات التكوينية لمعلمي اللغة العربية في المرحلة الثانوية، ومدى ممارستها.

❖ دراسة نايف يعقوب [1]:

موضوع الدراسة:

تناولت الدراسة الكفايات المهنية والصفات الشخصية المرغوبة في الأسـتاذ الجـامعي مـن وجهـة نظر طلاب كلية المعلمين ببيشة ـ السعودية.

وقد هدفت الدراسة إلى معرفة آراء الطلاب في الكفايات المهنية والصفات الشخصية في الأسـتاذ، ومعرفة مقياس التفضيل لها، ومعرفة الأهمية النسبية لها أيضاً.

* منهج الدراسة:

لغرض تحقيق أهداف الدراسة تم الاعتماد على عينة مكونة من طلبة جميع أقسام الكلية، وبلغ عددهم (١٩٠) طالباً، من مجموع الطلاب البالغ عددهم (١٨٨٥) طالباً للعام الدراسي ٢٠٠٤- ٢٠٠٥م.

وقد تم استخدام الاستبانة لتنفيذ ذلك، حيث شملت الأداة (٤٨) فقرة، موزعة على أربعة أبعاد.

* نتائجها: لقد أسفرت الدراسة عن النتائج الآتية:

١. البعد الأكاديمي: وجد قبولاً عالياً.

---

[1] - <u>الكفايات المهنية والصفات الشخصية</u> : نافد نايف يعقوب، ص ١٠١,

٢. البعد المهني: وجدت بعض فقراته قبولاً مرتفعاً وعددها (١٤) فقرة، ووجدت بعض الفقرات تفضيلاً معتدلاً وعددها (٧) فقرات، أما البقية فقد وجدت تفضيلاً منخفضاً وعددها فقرتان.

٣. البعد الشخصي: وجدت بعض فقراته تفضيلاً مرتفعاً، وعددها (٥) فقرات، والبعض الآخر وجدت تفضيلاً معتدلاً، وعددها (٣) فقرات، وفقرة واحدة حظيت بتفضيل منخفض.

٤. البعد الأخلاقي: حصلت (٣) فقرات من فقراته على تفضيل مرتفع، وحصلت (٥) فقرات على تفضيل معتدل، وفقرة واحدة حصلت على تفضيل منخفض.

٥. أن أهم هذه الأبعاد هو البعد الأكاديمي المعرفي يليه الشخصي، فالمهني وأخيراً الأخلاقي.

٦. هناك فروق حول الأبعاد الأربعة تبعاً لمتغيرات القسم والمستوى.

* تقييمها:

حاولت الدراسة تحديد الكفايات المهنية والصفات الشخصية التي ينبغي للأستاذ الجامعي أن يتصف بها، مع تحديد أهم الكفايات والصفات الشخصية التي حصلت على تفضيل مرتفع، كما كشفت عن القضايا المهنية والصفات الشخصية غير المرغوبة أو التي حصلت على قبول متدن. بالإضافة إلى معرفة الأهمية النسبية لتلك الكفايات والصفات حسب أراء الطلاب وتفضيلهم لها، وأخيراً معرفة الفروق حسب المتغيرات.

أما الدراسة الحالية فتسير بصفة عامة في الاتجاه نفسه، ولكنها تتناول الكفايات التكوينية حسب المجالات الأدائية للدرس في المرحلة الثانوية حسب آراء العينة، بحيث تسعى من خلال ذلك إلى تحسين وتطوير تكوين معلمي اللغة العربية

بصفة مستمرة، وفق الاتجاهات الحديثة بغية تمكينهم من امتلاك وممارسة الكفايات اللازمة لأداء عملهم بكل نجاعة. وقد استفادت الدراسة الحالية منها فيما يتعلق بالجانب النظري وعملية التفسير والتحليل.

❖ **دراسة نعيم[1] :**

موضوع الدراسة:

تناولت الدراسة إشكالية: (الاهتمام بالمعلم ماديا واجتماعيا باعتباره القائد والمؤثر في العملية التعليمية التعلمية).

وهدفت الدراسة بشكل أساسي إلى معرفة مستوى الوضع المادي والمكانة الاجتماعية للمعلم في لواء مأدبا بالأردن، من خلال معرفة واقع الرضى والإقبال على المهنة عند المعلمين، ومدى وجود فروق أو عدمها بين أوضاع المعلمين.

* **منهج الدراسة:**

اتبع الباحث الطريقة العشوائية، لاختيار العينة، وهي مكونة من (٣٠٠) معلم ومعلمة، وقد صممت الاستبانة المكونة من (٤٠) بندا، واتخذت درجات الحكم ذات البعد الخماسي، المشابه لمقياس "ليكرت".

* **نتائجها:**

أظهرت النتائج وجود أثر لمتغير الجنس عند مستوى الدلالة (٠,٠٥) في علاقته مع الوضع المادي والمكانة الاجتماعية، وتحقيق الرضى عن المهنة. وأكدت عدم وجود أثر لمتغير المؤهل العلمي ومتغير الخبرة، في علاقتها بالوضع

---

١ ـ الأوضاع المادية والمعنوية للمعلم: نعيم حبيب جعنيني، ص ٢١٣٧ / ٢١٦٤.

المادي والمكانة الاجتماعية، وتحقيق الرضى عن المهنة، وكذلك مع متغير الموقع.

* تقييمها:

بحثت الدراسة الأوضاع المادية والمعنوية للمعلم ودرجة رضاه عن المهنة، بينما تناولت الدراسة الحالية الكفايات التكوينية لمعلمي اللغة العربية في المرحلة الثانوية، ودرجة أهميتها وممارستها حسب تقديرات أفراد العينة والملاحظين. ولأن المعلم هو العنصر الفاعل في العملية التدريسية واللاعب الرئيس في ذلك، فقد أضافت الدراسة الحالية إلى تلك الجوانب الاهتمام بتكوينه مهنياً وأكاديمياً على أساس مدخل الكفايات، بالإضافة إلى إبراز الصفات والخصائص اللازم توافرها في المعلم العصري، ليكون ملماً بمفاتيح المهنة. وقد استفاد الباحث منها في بلورة بعض جوانب الإطار النظري والمنهجي .

ثانيا : قراءة في نتائج الدراسات السابقة:

إن الدراسات التي أجريت في ميدان التربية والتكوين- والتي تم جمع بعض منها، والتعامل مع أكثرها ارتباطا بموضوع الدراسة قيد البحث- مثلت جسرا معرفيا ربط بين الماضي والحاضر، لذلك تم الوقوف على ما توصلت إليه من نتائج ، وخاصة ما يتعلق بمسألة تكوين المعلمين على أساس الكفايات التي تؤهل المعلم مهنيا ليكون معلما مبدعا يستطيع أن يتكيف مع المواقف التدريسية ومع المحيط الاجتماعي.

وقد شكلت هذه الدراسات أرضية خصبة للدراسة الحالية، وأثرتها في بعدها النظري وعلى وجه الخصوص في بعدها المتعلق بالمنهجية والإجراءات والمعالجات وبناء أدواتها. ويمكن تلخيص ذلك على النحو الآتي:

١- كل الدراسات بما فيها هذه الدراسة تصب في تنمية المعلم مهنيا عن طريق عملية التكوين على أساس مدخل الكفايات، مع الاحتفاظ لكل دراسة بأسلوبها وخصوصيتها في معالجة الإشكاليات والظواهر، وذلك من أجل إيجاد معلم ممارس قادر على التأمل والإبداع، ويمتلك كل مقومات التدريس بشروطه، ليقوم بالمهمة الملقاة على عاتقه خير قيام.

٢- أجريت هذه الدراسات في بيئات عربية، مما يعني أن هناك اهتماماً متزايداً بالمعلم وخاصة فيما يتعلق بمسالة تكوينه في كثير من البلدان العربية، من منظور أن المعلم هو حجر الزاوية في العمل التعليمي والتربوي.

٣- أوضحت الدراسات السابقة أن هناك شبه اتفاق بين الخبراء في مجال التربية والتكوين البيداغوجي على أهمية الكفايات التكوينية، من منطلق تربية المعلمين القائمة على الكفايات كاتجاه يسعى إلى تمكين المعلمين من القدرات والمهارات وخاصة المهنية منها، اللازمة لرفع مستوى الأداء التدريسي لدى الأطر.

٤- تنوعت الدراسات في موضوعاتها، فبعضها تناولت الكفايات والأخرى بناء برامج تدريبية على أساس الكفايات أو الاحتياجات، أو تقويم البرامج القائمة وإبراز جوانب القوة والضعف فيها.

٥- اعتمدت معظم الدراسات في تحديد الكفايات على دراسات سابقة وعلى الخبراء بشكل عام، بما فيها الدراسة الحالية.

الدراسات التي تناولت الكفايات في التكوين، هي:

دراسة العيوني، والقدمي، وأنيسة، وغوفير، ومراد، ومرعي، والعريني، نايف يعقوب، من جانب معين. و تهدف الدراسة الحالية إلى البحث والتقصي

بصورة أشمل وأعمق، والتركيز على البعد المهني لمعلم اللغة العربية على أساس الكفايات في بعدها الاستراتيجي والثقافي والمنهجي والتواصلي والتكنولوجي.

وأما دراسة الفارابي، التي اهتمت بالتكوين المستمر، فهي تسعى إلى تقديم خطاب جديد للانتقال إلى ميدان الشغل والتوجه نحو المهنة. وهذا ما تسعى إلى تأكيده الدراسة الحالية، وقد أورد الفارابي من خلال دراسته قياس الفجوة بين الوضعية الراهنة والمنشودة، واقترح بدائل للتطوير، وهذا ما تعبر عنه الدراسة الحالية في الإطار الاستشرافي على أساس تقديم تصور للتطوير.

وقد تناولت دراسة "مادي" البعد السياسي للتكوين، وكذلك دراسة أوزال التي تناولت وضعيات التكوين، ودراسة "عبد الجواد "التي هدفت إلى معرفة معايير وأسس إعداد المعلمين وتدريبهم، والدراسة الحالية ستتناول ذلك على أساس مدخل الكفايات، كاتجاه أكثر نجاعة في التكوين بصفة شاملة والتعامل مع عملية التكوين من كل الجوانب، وهذا ما تضيفه الدراسة الحالية إلى تلك الجهود.

وأما دراستا "الطروانة وردمان" فمنطلقهما الاحتياجات التدريبية. وهدفت دراسات كل من اليماني وكريمة، وقصيرة إلى تقويم برنامج تدريبي وبناء آخر على التوالي.

والدراسة الحالية تقوم بتحديد منطلقات ومعايير لذلك البرنامج من خلال تحديد قائمة الكفايات وقياس الفارق بين المرجو والواقع حتى تكون العملية محددة وواضحة أمام القائمين على إجراء التكوين، واعتبارها عملية متواصلة واستمرارا لتنمية المعلم، وهذا ينسجم مع متغيرات العصر وخاصة في ميدان البيداغوجية والتكوين .

وقد هدفت دراسة "نعيم" إلى استقراء الوضع المادي والمكانة الاجتماعية للمعلم بشكل عام، والاهتمام به وأثر ذلك في الرضى والإقبال على المهنة. أما الدراسة الحالية فتهتم بتكوين معلم اللغة العربية للمرحلة الثانوية في اليمن من

جميع الجوانب، وتعتبر الاهتمام به شرطاً لازماً لنجاحه في عمله، فقـد أكـدت عـلى ذلك الآراء التربويـة قديماً وحديثاً.

كما نلاحظ أن المنهج المتبع والأدوات قد تنوعت في تنفيـذ هـذه الدراسـات حسـب طبيعـة كـل دراسة، مع الإشارة إلى أن بعضها قد استخدم أكثر من أسلوب وأكثر من أداة، مـن ذلك دراسـة الفـارابي الذي نوع في أدوات بحثه وإجراءاته، وذلك لتنوع أسئلة دراسته التي تفرض ذلك التنوع.

كما نجد أن جل الدراسات قد اعتمدت عـلى المنهج الوصفي وأداة الاستبانة والملاحظـة. وقـد مثلت الاستبانة أكثرها باستثناء دراستي محمود ومادي، حيـث تـم الاعـتماد عـلى المنهج المقارن، وأمـا اللقاءات والمقابلة فكانت من نصيب دراسة القدمي.

أما الدارسة الحالية، فقد اعتمدت على المنهج الوصفي التحليلي لمناسبته في تنفيـذها، واسـتخدام أداتي الاستبانة والملاحظة.

كما نود الإشارة إلى أن الدراسـات السـابقة لم تلتـزم بمرحلـة دراسـية واحـدة، ولكنهـا تنوعـت في المراحل الدراسية المختلفة، أما الدراسة الحالية فتناولـت المرحلـة الثانويـة، إذ أن تلـك الدراسـات رغـم تنوعها كانت رافداً حقيقياً بالمعلومات والإجراءات للدراسة الحالية، وأفادتها بطريقـة مباشرة أو غـير مباشرة، وكانت فوائدها جمة؛ يمكن ذكر أهمها على النحو التالي:

١- أفادت الباحث في تحديد مفهوم الكفايات.
٢- كانت أحد المصادر الأساسية في اشتقاق الكفايات للدراسة قيد البحث.
٣- زودت الباحث بالمعلومات والحقائق، ولاسيما في تشكيل الإطار النظري للبحث.
٤- ساعدت في تسليط الضوء على أدوات الدراسة الحالية، سواء في التصميم، أو في المقياس .

٥- تم الاستفادة منها في طريقة استخدام الأسلوب المنهجي والتحليل والمعالجات الإحصائية.

٦- الوقوف على نتائج تلك الدراسات والأبحاث السابقة التي أجريت في ميدان البيداغوجية والتكوين على أساس الكفايات، وبناء وتقويم البرامج التدريبية، لتعطي انطلاقة للدراسة الحالية على قاعدة متينة من الحقائق والجهود لبلورة كل ذلك في رؤية استراتيجية تساعد على قراءة الوقائع الراهنة والمستقبلية بوعي وتدبر.

٧ـ اتضح من تلك الدراسات السابقة أنه لم يتم التطرق إلى تحديد الكفايات التكوينية لمدرسي اللغة العربية في المرحلة الثانوية باليمن، وذلك حسب حدود معرفة الباحث، مما يعطي لهذا البحث أهمية وميزة عن الدراسات السابقة .

الفصل الثالث

معلم اللغة العربية

يقدم هذا الفصل شرحاً توضيحياً حول أهمية معلم اللغة العربية في المرحلة الثانوية، ودوره في العملية التعليمية والتعلمية باعتباره مهندسًا وخبيراً استراتيجياً للمواقف التعليمية التعلمية، كما يقدم عرضاً للصفات والخصوصيات اللازم توافرها في المعلم العصري، بالإضافة إلى إبراز أثر المكانة الاجتماعية في أدائه لعمله، وكذلك تناول أساليب تكوينه بشكل عام وخاصةً باليمن.

أولاً - صفات معلم اللغة العربية:

تعد عملية التعليم والتعلم، عملية مركبة بالغة التعقيد في تركيبها وأبعادها المختلفة، فهي تحتاج إلى طاقات وإبداعات، وأطر تتمثلها وتمتلك الكفايات والقدرات اللازمة لمواجهة متطلبات المهنة، سواء أكانت تلك فطرية تولد مع المعلم وترافقه أم مكتسبة عن طريق التمهين. المهم في القضية ألا يتم التعامل معها سطحياً، بل تتطلب توافر الاستعدادات والقدرات لدى المعلم، ليرقى إلى مستوى التحديات والرهانات، وفي مقدمة ذلك معلم اللغة العربية لما تحمله طبيعة المادة من أبعاد فكرية ودلالية تخاطب العقل والوجدان معاً.

إن أول ما يجب في بادئ الأمر هو أن تتوافر لدى المعلم الرغبة الصادقة والأكيدة في الانتماء إلى هذه المهنة بكل ظروفها وشروطها، وأن يؤمن بأنها رسالة سامية لها قدسيتها وأخلاقها الإنسانية بغض النظر عن المردود الذاتي من المكاسب الشخصية، رغم ضرورتها، لكن كمبدأ ثانوي وليس رئيساً. فهذه المهمة تقترب من رسالة الأنبياء والرسل الذين لم يورثوا ديناراً ولا درهماً. وقد قال في ذلك الرسول محمد صلى الـلـه عليه وسلم:« **إنما بعثت معلماً**[1] » ، وهذا دليل على الاعتزاز بقيمها، ووجوب القيام بها، مهما كانت العقبات والصعوبات التي تواجه المعلـم، فهو صاحب رسالة وقدوة حسنة لطلابه، لذا يجب عليه أن يقيم علاقة حميمة معهم طابعها الحب، وهدفها التوجيه والإرشاد والتربية، في كل قضاياهم العلمية والحياتية قولاً وعملاً، فهو قدوتهم وأحرص الناس على فائدتهم، يبذل كل جهده من أجل تربيتهم وتعليمهم بما يعود عليهم بالنفع مستقبلاً للإسهام في التنمية الاجتماعية، ولا يقف عند هذا الحد بل يقوم بتشكيل علاقة اجتماعية مع المجتمع الذي يعيش فيه، ويهتم بقضاياهم، ويسهم في حل مشكلاتهم الاجتماعية، فهو يعد عاملاً إيجابياً في مجتمعه، وهو موضع تقدير واحترام وثقة من قبل المجتمع لما يحمله من فكر تربوي واجتماعي مستنير.

ويعُد أولياء الأمور جزءاً من المجتمع، إذا فهناك علاقة مشتركة مع المعلم باعتبارهم شركاء معه في توجيه أمور الطلاب فيما يتعلق بمتابعتهم، وحل مشكلاتهم بما يساعد على تمدرسهم بصورة أفضل، فالمهمة مشتركة بينهم غايتها التربية، وغرس القيم، والسلوك الحسن لدى التلاميذ.

إن التفاعل بين المعلم والأطراف الأخرى، يحدث التناغم المثمر والفاعل الذي يسهم إلى حد كبير في تذليل العوائق والصعوبات التي قد تعترض سير العملية التعليمية والتربوية. إنها جهود تحتسب للمعلم بالدرجة الأولى كونه رائدها

[1]- سنن ابن ماجة: محمد بن ماجة ، برقم ٢٢٩، ص ٨٣.

ومهندسها، بعيداً عما يحققه من مكاسب ذاتية نظير جهوده، فهو كاد أن يكون رسولاً، ونهج الرسل والأنبياء خالٍ من المصالح الدنيوية. حيث قال أحمد شوقي[1]:

قم للمعلـم وفه التبجيـلا   كاد المعلـم أن يكون رسولا

إن نجاح المعلم في عمله ـ وخاصة معلم اللغة العربية ـ يرتبط بدرجة كبيرة بمدى إتقانه لتخصصه، كما أن عليه ألا يدخر وسعاً في الإحاطة بكل جوانبه، وأن يتابع ما يكتب عنه، وأن يخلص في عمله المهني والتربوي مبتغياً وجه اللـه، فهو صاحب رسالة سامية. وألا يتوقف عند هذا الحد، بل يستمر في الاستزادة من ينابيع العلم والمعرفة، سواء في المجال الأكاديمي أو التربوي، فهو في مجال تخصصه طالب علم وباحث، يظل في حاجة دائمة إلى البحث وتقصي الحقائق ومعرفة كل جديد في عصر طابعه الانفجار المعلوماتي والتكنولوجي. فالعلم معينهُ يتجدد كل يوم وكل ساعة. وحتى يكون المعلم عصرياً عليه أن يكون قريباً من مجرى التطور، وما يحدث في ميدان العلم والمعرفة، وخاصة الميدان التربوي.

إن المعلم الجيد هو الذي ينطلق عمله وعلمه من قاعدة إيمانية، باعتبارها بعداً استراتيجياً يبني عليها كل التوجهات العلمية والعملية، والعقيدة الإيمانية الراسخة نجدها تتحقق في أقواله وأفعاله، وعليه أن يبثها في نفوس طلابه، وزملائه، وكل المحيطين به، بأسلوب سهل وخال من العنف، بل برغبة صادقة طابعها الخير ورقيبها الضمير بعد اللـه سبحانه وتعالى.

إن ما يزيد المعلم إجلالاً هو ما يقيمه من علاقات مع زملائه في المهنة على أساس الثقة المتبادلة واحترام التخصص، ووحدة الهدف المشترك المتسم بالتعاون والتنسيق لتقديم المنفعة للمجتمع من خلال تربية الأبناء، رجال المستقبل، والترابط بيـن رجال المهنة الواحدة يعزز مبدأ أن المعلم من دعاة السلام

---

[1]- الشوقيات: أحمد شوقي، م ١، ج ١، مرجع سابق، ص ١٦٦.

والاطمئنان والاستقرار في هذه الحياة المليئة بكل الأحداث والحوادث في أبعادها المختلفة، وخاصة البعد الاجتماعي. ومعلم اللغة العربية يعد رائداً بارزاً في هذا التوجه، لأنه يتمثل اللغة العربية لغة التواصل مع العلم والمعرفة في عالمنا العربي والإسلامي، فهي تعد الجسر الثقافي بين الماضي والحاضر، وانطلاقة للمستقبل.

إن حجم الرسالة التربوية والتعليمية عظيمة في أبعادها ومضامينها، لذا فهي تحتاج إلى طاقات وإبداعات كبرى ترقى بالمعلم إلى مستوى المهنة الناضجة، وصفات محددة تساعد المعلم على القيام بهذا الدور المهم باعتباره اللاعب الأول في المسرح التربوي التعليمي بعقده ومشاهده المتعددة والمتداخلة. وهذا ما أكده خبراء التربية عن أهمية اللغة العربية باعتبار اللغة وسيلة تعليمية للمواد الأخرى ومادة دراسية لها قواعدها وأصولها وعلومها وأساليبها، ولعل هذا هو الهدف الذي سنسعى لإبرازه من خلال عرضنا لتلك الصفات بصورة مركزة.

١- الصفات الشخصية للمعلم:

هناك عدة صفات وخصوصيات شخصية يلزم توافرها في المعلم الجيد حتى يستطيع القيام بواجبه على أكمل وجه كما هو مطلوب، ومنها، ما يلي:

١-١. المحبة:

وتظهر من خلال حب المعلم لمهنته وعشقه لها، فلا يتوانى في بذل كل جهد وكل عطاء لمهنته، بحيث يكرس كل جهده ووقته وتفكيره لها ويسخر كل إبداعاته لمزيد من العطاء والإنتاج[١].

فالمعلم الناجح، هو الذي يكون محباً لطلابه، بشوشاً قادراً على تهيئة أسباب النجاح وبث روح الاطمئنان في النفوس، والصبر على تحمل أخطائهم، ويقوم

---

[١]- خصائص المعلم العصري وأدواره: علي راشد، ص ٣٥- ٣٩.

بمعالجة ذلك بحكمة ولطف، بعيداً عن العنف والضجر، فالأمر يحتاج إلى حنكة وحكمة المربي المتبصر في تدبير الأمور وفق القواعد التربوية والنفسية[1].

وقد جاء في الحديث الشريف: «**لينوا لمن تعلمون ولمن تتعلمون منه**»[2].

وجاء في الأثر: «**أن يحب لطالبه ما يحب لنفسه ويكره له ما يكره لنفسه**»[3].

والمحبة الصادقة في الواقع هي ثمرة الإخلاص في العمل وإتقان قواعد المهنة؛ فقد أكد المنهج التربوي الإسلامي على المحبة المتبادلة بين المعلم والمتعلم، من أجل ضمان نجاح العملية التعليمية.[4]

١-٢.التواضع:

صفة التواضع محببة للجميع وصفة الكبر مكروهة وصاحبها. لذا يجب أن يكون المعلم متواضعا، فهو قدوة ومرب للأجيال، لأن التواضع محبب إلى النفوس والتكبر مضر، فهو قبيح لكل الناس وفي المعلم أقبح ، وقال تعالى:«... **وَاخْفِضْ جَنَاحَكَ لِلْمُؤْمِنِينَ** ».[5]

قال بعض السلف: «من تكبر بعلمه وترفع وضعه الـلـه به، ومن تواضع بعلمه رفعه الـلـه به».[6] فالمعلم الجيد لا يتباهى بعلمه أو عمله، فهو دائماً متواضع مع طلابه، ومع زملائه، ومع كل الناس.

---

[1]- زاد المعلم: علي أحمد لبن، ص ٤.

[2]- أبو داوود في سننه، بمعناه، ج ٢، ص ١٩٠.

[3]- صفات المعلم الجيد: عند ابن جماعة، م ٥١، ج ١، ص ١٢٩.

[4]- المنهج التوجيهي لتكوين المكونين: مصطفى الزباخ، وميلود أحبادو، وآخر، ص ٢٥.

[5]- سورة الحجر، الآية رقم ٨٨.

[6]- المدخل إلى التربية: حليمة علي أبو رزق، ص٢٤٧.

١-٣. الصفات الصحية والجسمية:

من المعروف أن مهنة التعليم هي من المهن الشاقة[١] التي تحتاج إلى مجهود بدني كبير، ولكي يقوم المعلم بذلك الجهد ينبغي أن يتمتع بجسم سليم وصحيح، فهناك علاقة ترابطية بين مظهر الإنسان و جوهره في الأمور العادية، فما بالك بمن يقوم بمهنة التدريس، التي تستلزم من المعلم جهداً وطاقة، لكي يقوم بواجب المهنة ومتطلباتها بصورة أفضل وفضلا عن ذلك يجب أن يكون المعلم خالياً من العيوب والعاهات والأمراض المعدية، وعيوب النطق، ومخارج الألفاظ، وضعف السمع والبصر، لما لذلك من تأثير على عطائه بصفة مباشرة أو غير مباشرة[٢]. مع ضرورة تمتعه بصوت جهوري واضح ومؤثر في السامعين، فالصوت هو رأس مال المعلم وأساس عمله، وليس المقصود هنا الصوت العالي المزعج، لكن الصوت المعبر والهادف إلى توصيل الرسالة بوضوح، فالمعلم الذي يتمتع بذلك يكون لديه الحيوية والنشاط، وهما صفتان ضروريتان له، لكي يقوم بوظائف مختلفة طوال اليوم الدراسي بنشاط وحيوية بصورة مستمرة، وبث روح الحيوية والحماس بين الطلاب ليكون جو الدرس تفاعلياً يسوده النشاط المثمر.

١-٤. الصفات النفسية للمعلم:

يمكن القول: إن الصحة النفسية تعني التوافق النفسي، وهذا التوافق يجعل المعلم في سعادة، ويكون قادراً على استثمار قدراته واستغلالها إلى أقصى حد ممكن، فيجب أن تتصف شخصيته بالاتزان وعدم الانفعال، لما لذلك من تأثير سلبي على المتعلمين، وحتى لا يستثار في أي موقف لسبب أو لآخر بسيط أو كبير، فهو قائد وقدوة، لابد أن يكون واثقاً من نفسه في مواجهة المواقف الطارئة بثبات واطمئنان.

---

[١]- خصائص المعلم العصري وأدواره: على راشد، مرجع سابق، ص ٦٨- ٧٠.

[٢]- إعداد المعلم تنميته وتدريبه: مصطفى عبد السميع، وسهير حواله، مرجع سابق، ص ٩٤، ٩٥.

إن الاستقرار النفسي للمعلم يعد عاملاً مهماً لإنجاز العمل بجودة عالية[١]، فهو بذلك يقدم صورة حية للمعلم الناجح المستقر نفسياً، الذي يحمل رسالة سامية، لها أبعادها ومقاصدها النبيلة[٢].

ويعد المعلم الجيد مصدراً للسلوك الحسن والثقة بالنفس، ولابد أن يتسم بالاتزان، وأن يكون متفائلاً وحيوياً، واجتماعياً، ومرناً وقوياً برحمة، وهادئاً وعفيفاً، وأن لا يكون متقلباً، أو متشائماً، أو جامداً، أو انطوائياً أو ضعيفاً مهتاجاً وشرهاً[٣].

إن مهنة التعليم تستدعي من المعلم أن يكون متحكماً في سلوكه عند الغضب، ومتريثا عند إصدار الحكم، أو عند عقابه لطلابه، وعليه أن يكون قادراً على معالجة القضايا بشجاعة أدبية، وبصبر وصدق وتحمل للمسؤولية من خلال تعاونه مع الآخرين، وأن يتحلى بصفات القائد الديمقراطي، وأن تكون لديه قوة التأثير على من حوله، ويصبح نموذجاً يحتذى به من قبل طلابه بالدرجة الأولى[٤]، حيث قال رسول اللـه :« **ليس الشديد بالصرعة، إنما الشديد الذي يملك نفسه عند الغضب**»[٥].

إن تلك الخصائص النفسية تؤهل المعلم للقيام بدوره وعمله بصورة هادئة وسهولة خلاصتها تحقيق الغاية المرجوة بدرجة عالية من الجودة.

---

[١]- خصائص المعلم العصري وأدواره:على راشد ، مرجع سابق، ص٥٢.

[٢]- زاد المعلم: على أحمد لبن، مرجع سابق، ص٦.

[٣]- المنهج التوجيهي: مصطفى الزباخ، ميلود أحمادوا، وأخر، مرجع سابق، ص ٢٥.

[٤]- إعداد المعلم تنميته وتدريبه: مصطفى عبد السميع، وآخر، مرجع سابق، ص ٩٥-٩٦.

[٥]- صحيح البخاري ج ٧، ص ٩٩.

١-٥. المظهر الخارجي للمعلم:

يجب على المعلم أن يهتم بمظهره الخارجي، فهو يحمل رسالة عظيمة، وعليه أن يكون مثالاً من حيث الهندام والنظافة في البدن والملبس، طيب الرائحة.

وقد دعا الدين الإسلامي للتجمل واتخاذ الزينة، كما جاء في محكم التنزيل " **يا بني آدم خذوا زينتكم عند كل مسجد...**"[١].

وكما جاء في الحديث الذي رواه مسلم عن النبي قال:« **إن اللـه جميل يحب الجمال...**»[٢].

فالاعتناء بالمظهر العام يحرص عليه المعلم ليبدو أمام طلابه بصورة لائقة وبدون مغالاة في ذلك، ففي ذلك تعظيم للعلم وأهله. إن طبيعة المهنة تفرض عليه أن يكون ذا هندام جذاب، بما ينسجم مع دوره التربوي، بحيث يكون أنيقاً ونظيفاً وقوراً يعكس صورة المعلم المأمول في الشكل والمضمون[٣].

١-٦.الصفات العـقلية:

إن المعلم الكفء هو الذي يملك عقلاً ذكياً[٤]، ويتمتع بالقدرات العقلية المختلفة، اللازمة للقيام بمهنته والتعامل مع المواقف الحياتية التي تواجهه، بحيث يكون قادرا على التفكير العلمي الإبداعي والتكيف مع الظروف المحيطة[٥].

---

[١]- سورة الأعراف، الآية رقم ٣١.

[2] الفوائد لابن القيم الجوزي: محمد راتب النابلوسي،رواه مسلم عن ابن عباس. -http : // www. Nabulsi. Com/text/03 quan/2j-ram 05/ram5-39a.html.

[٣]- زاد المعلم: علي أحمد لبن، مرجع سابق، ص٦.

[٤]- خصائص المعلم العصري وأدواره:علي راشد، مرجع سابق، ص٦١.

[٥]- إعداد المعلم تنميته وتدريبه: مصطفى عبد السميع، وسهير حوالة، مرجع سابق، ص ٩٤، ٩٥.

فصفة الذكاء مسألة ضرورية للمعلم، ليحسن التصرف والتعامل مع المواقف التعليمية، بشخصية قوية ذكية معيارها العقلانية والموضوعية والحزم والعدل والحيوية[١].

إن مهنة التدريس شاقة وتحتاج إلى موهبة، وإلى تعامل بذكاء، لذا فهي صفة لازمة للمعلم ليكون موهوباً وذكياً وفطناً، يتمتع بسعة أفق وبعد نظر، حتى يتمكن من معالجة المشكلات بعقلية المعلم البصير والماهر، وحتى يكون عاملاً للاستقرار لا للإثارة، وتعطيل مجريات عملية التدريس، بمراحلها وجوانبها المتشعبة.

لذا فهي عملية تحتاج إلى حذق كما جاء في مقدمة ابن خلدون: (إن الحذق في العلم والتفنن فيه والاستيلاء عليه، إنما هو بحصول ملكة في الإحاطة بمبادئه وقواعده، والوقوف على مسائله واستنباط فروعه من أصوله...)[٢].

وهذا يتسق - إلى حد كبير- مع ما ذهب إليه مجموعة من الباحثين حول المعلم العصري، باعتباره شخصاً يمتلك قدرات خاصة تتشكل من قاعدة معرفية وعقلانية معروفة، أصلها العلم[٣].

١-٧.الصفات الخلقية:

من المعروف أن الأخلاق من الفضائل التي تميز الإنسان عما سواه من المخلوقات، وتجعله محل احترام وتقدير الآخرين، فالمعلم الجيد يجب أن يتصف بالخلق الرفيع والحلم والأناة، فلا يخادع ولا يكذب ولا يغش، يتجنب الألفاظ

---

[١]- تعليم اللغة العربية: حسن شحاتة، ص ٤١٦.

[٢]- مقدمة ابن خلدون، ص ٤٤٠.

[3] -Former Des Enseignants Professionnels, Quelles stratégies ? Quelles compétences , de bœck :Léopold Laquay et d'autres, p 29.

النابية، ويستخدم الألفاظ اللطيفة المعبرة الهادفة التي تدعو للخير والفضيلة، فقد جاء عن رسول الـلـه أن أفضل خصلتين: (الحلم والأناة)[1] .

ومن الصفات الخلقية المستحبة في مهنة التدريس: اللين والرفق والبعد عن العنف.

فقد أكد الشيخ ابن سحنون ذلك بقوله:(لا تؤدبه إلا بالمدح ولطف الكلام، ليس هو ممن يؤدب بالضرب والتعنيف)[2] .

فقد ركز الشيخ في كلامه على حاجة المتعلم إلى اللطف والكلام الطيب، فلا يختار لهذه المهنة إلا من تقرر عندهم حسن أخلاقه[3] .

وذكر ابن خلدون في مقدمته: أن الشدة مضرة بالمتعلمين، فهي تضيق على النفس وتذهب بنشاطها وتدعو إلى الكسل[4] .

فالمعلم الكفء هو الذي يتحلى بالتقوى وحسن النية ويتوجه بعلمه لله تعالى، وأن يكون مخلصا ووفيا فيما يعلمه وأن يبذل جهده في القيام بذلك.

كما أن الإسلام يدعو إلى سمو الأخلاق، فيجب الانطلاق من خلاله، كبعد مرجعي واستراتيجي لكل مرب معلم، ليكون النجاح حليفه ورفيقه في خطواته العملية كلها.

[1] - صحيح مسلم بشرح النووي، ج١، ص١٨٩ – ١٩٢.
[2] - كتاب آداب المعلمين: محمد بن سحنون، ص ٥١.
[3] - كتاب آداب المعلمين: محمد بن سحنون، المرجع نفسه، ص ٤٧.
[4] - المقدمة : ابن خلدون، مرجع سابق، ص ٢٤١.

١-٨.صفات العدل والتوسط:

من خصائص المعلم المتميز أن يكون عادلاً مع طلابه ومع من حوله، بحيث يعامل طلابه معاملة الأب لأولاده، بصورة متساوية، لا يفرق بين غنيهم و فقيرهم، فهو مسؤول عنهم أمام الـلـه .

وهذا يتطلب من المعلم أن يرعاهم ويساعدهم في شؤونهم العلمية والاجتماعية بصورة متساوية ودون محاباة بما يملك من إمكانات علمية.

قال الإمام ابن سحنون- رحمه الـلـه: (يجب العدل في التعليم، ولا يفضل فيه بعضهم على بعض...)[١].

ومن العدل أن يكون المعلم مخلصاً في أداء الدرس وفي تزويد تلاميذه بالمعلومات والتوجيهات والنصائح المفيدة لهم، مع مراعاة قدراتهم العقلية واستعداداتهم، فلا يتطرف بذلك، ويبالغ في تزويدهم بالدروس أكثر من قدراتهم وإمكاناتهم. وعليه أن يأخذ بمبدإ الوسطية في ذلك، بحيث تتحقق الفائدة لدى طلابه، فالتطرف في كل الأمور صفة ذميمة وبالأخص في العملية التعليمية، فالمعلم الجيد هو أولى الناس بالتخلي عنها، إذ عليه أن يتصف بالعطف والرحمة على طلابه، فلا يبخل عليهم بعلمه ومعرفته، لأن البخل لؤم وظلم[٢]. وقد قال الـلـه تعالى: « **إِنَّ الَّذِينَ يَكْتُمُونَ مَا أَنزَلْنَا مِنَ الْبَيِّنَاتِ وَالْهُدَى مِن بَعْدِ مَا بَيَّنَّاهُ لِلنَّاسِ فِي الْكِتَابِ أُولَـئِكَ يَلعَنُهُمُ اللّهُ وَيَلْعَنُهُمُ اللَّاعِنُونَ**»[٣].

لا توجد مسألة الحسب والنسب، أو القرابة، أو الصداقة مكانها لدى المعلم العادل المخلص، فلا يفضل أحداً من طلابه على الآخر إلا لعلم أو لذكاء وتميز، وأما دون ذلك فلا، فهو أب لهم جميعا دون استثناء.

١- كتاب آداب المعلمين: محمد بن سحنون، مرجع سابق، ص ٤٩.

٢- المدخل إلى التربية: حليمة أبو رزق، مرجع سابق، ص ٢٤٦، ٢٤٧.

٣- سورة البقرة، الآية ١٥٩.

وقد جاء في باب (كراهة تفضيل الأولاد) ما معناه، أن هذا الأسلوب يؤدي إلى إتاحة الفرصة للطالب لينمو نمواً سليماً.[١]

١-٩.الصفات الوظيفية[٢]:

يتطلب من المعلم أن يكون قدوة صالحة في العلم والعمل ومثال يحتذى به، ومنضبطا في كل أعماله.

فالمعلم المنضبط يجده طلابه دقيقا في كل أعماله، وخاصة في مواعيد العمل، فهو موجود في بداية الطابور، وفي بداية الحصة، لا يتأخر أبدا (إلا لظروف قهرية)، فهو يعطي نموذجاً في السلوك وفي الدقة والانضباط وفي توقير النظام، واحترامه لجميع اللوائح المنظمة للعمل، والقوانين التعليمية على وجه التحديد، لأنه القدوة الصالحة لطلابه في الدقة والانضباط والامتثال للتوجيهات، والحرص على العمل وإنجازه في مواعيده المحددة.

والمعلم الكفء يدرك أن الانضباط الوظيفي يجعله مرتاح البال، مريحا للآخرين، ويكتسب احترامهم وودهم. بالإضافة إلى أن الانضباط يجعله ينجز أعماله ومسؤولياته في مواعيدها بجدية واهتمام، بدافع داخلي، وضمير أخلاقي، شاعراً بالمسؤولية وحجمها، لا بدافع خارجي، وبالتالي يعكس صورة حضارية للمعلم العصري الذي يرقى للمكانة المناسبة والمطلوبة قديماً وحديثاً.

---

[١]- صحيح مسلم: كتاب الإيمان، باب كراهة الأولاد في الهبة، ج٣، ص ١٢٤٢.

[٢]- خصائص المعلم العصري وأدواره: علي راشد، مرجع سابق، ص ٦٨،٦٩.

١-١٠.الصفات الاجتماعية[1]:

لقد كان المعلم قديماً يقوم بأعمال اجتماعية إلى جانب عمله الأساس في تعليم الصبية، حيث كان يعتمد عليه في كثير من الأمور الدينية والاجتماعية المختلفة، فكان يحتل مكانة طيبة في السلم الاجتماعي آنذاك.

إن المعلم الجيد هو الذي يشكل علاقات اجتماعية مع طلابه ومع المحيط الخارجي، ويتمتع بصفات اجتماعية، بحيث يكون ودوداً اجتماعياً، ينشر روح الود والعطف والحنان والتسامح بين طلابه ومجتمعه، كما يكون مصلحاً اجتماعياً، لإصلاح ذات البين وحل كثير من المشكلات التي قد تحدث بين الطلاب والزملاء، سواء أكانت مدرسية أم أسرية أم شخصية، ومحاولة تذويب الخلافات وتقريب وجهات النظر، ويعلمهم آداب الاختلاف، وكيف يتم حل الخلافات باحترام وبأسلوب حضاري على أساس الحق والعدل الاجتماعي.

فالطلاب مثلاً يجدون في المعلم كل الحنان والعطف الأبوي الذي يحس به كل واحد منهم وكأنه الأب الفعلي، انطلاقا من أن رحمة العباد في الأرض سبب رحمة الخالق في السماء، وقد قال رسول اللـه **صلى اللـه عليه وسلم** :«**ارحموا من في الأرض يرحمكم من في السماء**»(رواه الطبراني)[2].

وقد قال تعالى مخاطبا نبيه الكريم **صلى اللـه عليه وسلم** :« **وَلَوْ كُنتَ فَظّاً غَلِيظَ الْقَلْبِ لاَنفَضُّواْ مِنْ حَوْلِكَ**»٣.

---

[1]- خصائص المعلم العصري وأدواره: علي راشد، مرجع سابق، ٧٠- ٧٥.

[2]- الجامع الصحيح (سنن الترميذي): محمد ابن عيسى الترميذي، راجعه أحمد شاكر وآخرون، ج ٤، ص ٣٢٣.

[3]- سورة آل عمران، آية ١٥٩.

وإضافة لما يقوم به المعلم من معالجة لمشكلات طلابه، يعمل أيضاً على تنمية الاتجاهات الإيجابية المختلفة لديهم، سواء في النواحي الاجتماعية، أو الثقافية، أو البيئية، أو الصحية، أو الاعتزاز بالهوية الوطنية.

فالمعلم الجيد هو الذي يجيد أسلوب الاتصال بالحياة الاجتماعية، ويمتلك القدرة على توظيف ذلك بما ينفع، حيث ينظر لها (ابن جماعة) على أنها صفة مميزة للمعلم؛ أي مخالطة الناس وعدم اعتزالهم. فالحياة الاجتماعية تحتاج إلى المعايشة والمخالطة بما يتطلب ذلك من معاملة الآخرين بعظيم الأخلاق، من (إفشاء السلام، وإطعام الطعام، وكظم الغيظ، وإطلاق الوجه، وكف الأذى واحتماله منهم، والتلطف بالفقراء، والتحبب للجيران والأقارب)[1].

بيد أن ابن جماعة قد أفرد فصلا لصفات المعلم الجيد، أبرزها[*]:

- الالتزام بآداب تعليم العلم.

- تنزيه العلم عن المطامع.

- الاتصال بالحياة الاجتماعية.

- الرفق في معاملة التلاميذ والصبر عليهم.

- العدل والموضوعية في معاملة التلاميذ.

- العناية بالمظهر العام.

---

[1] - صفات المعلم الجيد عند ابن جماعة: مرجع سابق، ص ١٣٣.

[*] - ابن جماعة، هو بدر الدين محمد ابن إبراهيم بن سعد الله بن جماعة بن حازم بن صخر الشافعي، ولد في سنة ٦٣٩هـ وتوفي في سنة ٧٣٣هـ في حماة بالشام، واشتغل بالتدريس ثم بالخطابة ثم ولي القضاء، ألف كتابه تذكرة أسامع والمتكلم في آداب العالم والمتعلم، ومن أبوابه المعلم في الفكر التربوي.

١-١١. الصفات الدينيـة:

إن من أبرز الصفات الواجب توافرها في المعلم، الصفات الدينية؛ لأنها المحرك الأساس له ولدوافعه وقدراته في السر والعلن، كما أنها الدافع القوي لإخلاصه في العمل وجعله يخشى الـلـه في ذلك «رأس الحكمة مخافة الـلـه»، كما أنه مرب وقدوة حسنة، فيجب أن تنعكس الجوانب الإيمانية على أقواله وأفعاله أكثر من غيره، وعلى وجه الخصوص معلم اللغة العربية لأنها تمثل لغة القرآن الكريم وأداة نشر الرسالة السماوية السمحاء.

فيجب على المعلم المؤمن أن يؤدي الشعائر الدينية خير أداء، فهي الضابط لكل سلوكه وتصرفاته، والمعيار لتوجيهاته، فيقوم بالأمر بالمعروف والنهي عن المنكر. وهو داعية للسلام والخير الاجتماعي، يربي طلابه ويسهم في إصلاح مجتمعه، حتى يكتمل القول مع الفعل. ومن منطلق القوة الإيمانية لديه يكون أكثر إخلاصاً واجتهاداً في عملية التدريس، مضحياً بوقته وراحته في سبيل رسالة التعليم، فيزود طلابه بكل ما يدخره من علم ومعرفة وتوجيهات وإرشادات مبتغياً- أولاً وأخيراً- رضى المولى ـ عز وجل. ونظير ما يقدمه من إخلاص وجهد صادق يلقى الحب والاحترام من طلابه واقتدائهم به[١].

كما يطلب (ابن جماعة)[٢] أن يتصف المعلم بصفات دينية منها على سبـيل المثال لا الحصر: المحافظة على تلك الشعائر، ومعاملة الناس بمكارم الأخـلاق، وصيانة الباطن والظاهر، باعتبار المعلم قدوة والخطأ منه كبيراً، وغير ذلك من الآداب والواجبات الدينية المطلوبة منه كمرب رائد للفضائل والحسنات.

١- زاد المعلم: علي احمد لبن، مرجع سابق، ص ٨،٩.

٢- صفات المعلم الجيد عند ابن جماعة: مرجع سابق، ص ١٣٤.

فقد كان الأجداد يشترطون في من يتولى تعليم صبيانهم صفات عدة،ومنها (الاشتهار بالاستقامة، والعفاف، والعدالة)[1].

وقد ورد عن الشيخ أبو إسحاق الحبنياني قوله: (لا تعلموا أولادكم إلا عند رجل حسن الدين، لأن دين الصبي على دين معلمه)[2].

كما رأى الشيخ البيحاني أن يكون المعلم والمعلمة المثل الأعلى في الاستقامة[3].

وقد اشترط الإمام الغزالي في المعلم صفات وخصوصيات، من أهمها[4]:

١. الشفقة على المتعلمين فهو لهم كالوالد .
٢. الإقتداء برسول الـلـه فلا يطلب نظير عمله المال والأجر بل يقصد به وجه الـلـه .
٣. النصح لتلاميذه، فينصحهم بأن لا يطلبوا العمل أو رتبة قبل استحقاقها، وأن لا يشتغلوا بالعلم الخفي عن الجلي، ولا يطلبوا العلم للرياسة أو المباهاة، وأن يكون هو قدوة في ذلك.
٤. أن يبتعد عن سوء الأخلاق وينهى عنها، ويزجر عنها بالرحمة لا بالتوبيخ
٥. أن لا يحتقر العلوم الأخرى لأنه لا يتكفل بها أو يمارسها.
٦. أن يراعي عقول المتعلمين، فيقتصر بالعلم على قدر فهمهم حتى لا يحبطهم، أو ينفرهم.
٧. أن يراعي القاصر عقلياً، فلا يلقي إليه بالخفي بل يعلمه الجلي (المحسوسات) حتى لا يشوش عليه أو يفتر رغبته.

---

[1]- كتاب آداب المعلمين:ابن سحنون، مرجع سابق، ص ٤٧.
[2]- كتاب آداب المعلمين: ابن سحنون،المرجع نفسه، ص ٤٧.
[3]- التربية والتعليم في اليمن: بدر سعيد الأغبري، ص ١١٣.
[4]- إحياء علوم الدين : الإمام حامد العزالي، ج١ ، ص ٥٧،٥٨.

٨. أن يكون عاملاً بعلمه، فلا يخالف الفعل العلم، لأنه يمنع الرشد وينفر الناس عن العلم.

٢- الصفات المهنية:

تعُد الصفات المهنية من أساسيات تكوين المعلم، وخاصة معلم اللغة العربية، نظراً إلى طبيعة اللغة وأهميتها وأبعادها الدلالية، فيجب أن تتوافر تلك الخصائص المهنـية في المعلم ليقوم بأداء عمله التعليمي بنجاح، وبالصورة المأمولة على أن تكون متمثلة في سلوكه المهني، وفي تصرفاته التعليمية لمواجهة المواقف التدريسية. ومن تلك الصفات ما يلي:

٢-١.الاستعداد المهني:

تتطلب مهنة التعليم من المعلم استعداداً فطرياً، ورغبة صادقة ليصبح معلماً ناجحاً ومبدعاً، وهناك مقولة تشير إلى ذلك وهي: (إن المعلم يولد معلماً)[١] ؛ أي أن هناك مؤشرات لذلك مثل: قوة الشخصية، والصوت الواضح والمؤثر، وملامح تؤثر في الآخرين وتجذبهم إليه، إضافة إلى امتلاكه شخصية دافعة ومثيرة للاهتمام ومشوقة، ولديه حماس للعمل التربوي، وتختفي فيه مظاهر التوتر والانفعال.

يجب على المعلم الناجح أن يكون على قدر عال من الوعي بدافع التعليم، وأن يكون على دراية كاملة بالأمور التربوية المختلفة، غايته تحقيق النتائج الإيجابية بجودة عالية وشاملة، كهدف استراتيجي له مدخلات وعمليات.

١- خصائص المعلم العصري وأدواره: على راشد، مرجع سابق، ص ٣٠.

إن الاستعداد المهني لدى المعلم يجعل منه مهنيا ملماً إلماماً شاملاً بواقع مهنة التعليم، وماهيتها، ويستطيع أن[1]:

يفكر ويعدل في فلسفته الخاصة بالتعليم.

يكتسب استراتيجيات وتقنيات قيادية تعينه على أداء عمله بفعالية.

يطور أساسه العلمي والمعرفي، ويكون متعمقاً في مجال تخصصه، ومتابعاً لما يدور حوله من أحداث.

٢-٢.معرفة واحترام الطالب[2]:

المعلم الناجح هو الذي يكون على علم وإدراك بخصوصية الطالب المستهدف، وما حاجاته، وقدراته، وإمكاناته؟، وما حقوقه وواجباته ؟

إن تلك الخصائص والاستعدادات المهنية التي تحتاجها مهنة التعليم،[3] مثلت الرغبة الصادقة لدى المعلم للانتماء لمهنة التدريس، فكان من نتائجها تفوقه في الأداء والتحصيل الجيد، وكذلك قيامه بالتهيئة المناسبة للدرس، من حيث الشكل والمضمون، من استعداد نفسي، وتخطيط وتحضير للدرس، والالتزام بالتنفيذ وفق القواعد المتعارف عليها في العملية التدريسية من المقدمة، وصولاً إلى خاتمة الدرس وما تحتويه من شروط وقواعد مهنية تصب في اتجاه واحد؛ أي تحقيق غاية الدرس النظرية والعملية مع الالتزام بالتسلسل المنطقي أثناء عرضه.

كل تلك الإجراءات تساعد وتسهل على الطالب تلقي المعلومات والتوجيهات بصورة سهلة وميسرة، مع ضمان التحصيل الجيد والمثمر نظرياً وعملياً.

---

[1]- إعداد المعلم تنميته وتدريبه: مصطفى عبد السميع، وسهير حواله، مرجع سابق، ص١٣- ٩٥.

[2]- زاد المعلم: على أحمد لبن، مرجع سابق، ١١.

[3]- خصائص المعلم العصري وأدواره: على راشد، مرجع سابق، ص ٢٩-٣٤.

وقد قال ابن خلدون في مقدمته ما معناه[1]: إن الالتزام بالتدرج ومراعاة خطوات الانتقال من المحسوس إلى المجرد ومن الخاص إلى العام، بأسلوب منهجي يتفق مع مبادئ التعليم والتعلم.

٢-٣.القدرة على ضبط الفصل:[2]

المعلم العصري الجيد هو الذي يمتلك كفايات تمكنه من ضبط الفصل والسيطرة عليه بأسلوب تربوي محكوم بقواعد العمل التعليمي، بعيداً عن العنف والتوتر غير المبرر، بل باعتماد إجراءات تدريسية حديثة تقود إلى استتباب الهدوء والاستقرار داخل الفصل. وضمان الفاعلية والتفاعل بين المرسل (المعلم) والمستقبل (الطالب)، طابعه الحوار والمناقشة الهادفة بصورة جدلية محكومة بقوة الإقناع والمتعة في التلقي المثمر. ومن ذلك عدم بدء الدرس قبل أن يسود النظام، ويكون جميع الطلاب في حالة انتباه واستعداد لتلقي الدرس بشوق، ثم انتهاج أسلوب توزيع اهتمام المعلم على جميع الطلاب بدون استثناء مع مراعاة قدراتهم وإمكاناتهم، والابتعاد عن الأسلوب الروتيني بتوظيف فنيات التدريس وإبداعات المعلم المهنية وخبراته البيداغوجية.

بالإضافة إلى شغل الطلاب طوال الحصة، واستثمار الوقت من خلال استخدام أسلوب التبسيط والتوضيح، والحديث المشوق المثمر، وتوظيف التعبيرات اللفظية المميزة المدهشة، والتحدث باللغة الفصحى بصورة معبرة ومتميزة بالوضوح وخلوها من العيوب[3].

---

[1]- مقدمة ابن خلدون، مرجع سابق، ص ٢٣٤.

[2]- زاد المعلم: علي أحمد لبن، مرجع سابق، ص١١ ، ١٢.

[3]- خصائص المعلم العصري وأدواره : على راشد، مرجع سابق، ص ٣٥- ٣٩ .

وكذلك استثمار الصوت من خلال خفضه ورفعه بأسلوب تربوي منسق حسب الحاجة والموقف؛ فهو يساعد كثيرا على إثارة الحماس والدافعية لدى الطلاب، مع مراعاة عدم الإسراف في ذلك، فقد أكدت التجارب أن الاعتدال أكثر مردودية من الإسراف.

وقد جاء في التنزيل الحكيم قوله تعالى: « وَكَذَلِكَ جَعَلْنَاكُمْ أُمَّةً وَسَطاً »[1].

إن إدارة الصف وضبطه فن يحتاج إلى قدرات وإمكانات مهنية، وإبداعات في تنظيم العلاقات وتنسيقها. وقد عرفت إدارة الصف بأنها (مجموعة من الأنشطة التي يستخدمها المعلم لتنمية الأنماط السلوكية لدى الطلاب، وتنمية العلاقات الإنسانية الجيدة، وخلق جو اجتماعي فعال ومنتج داخل الصف، والمحافظة على استمراريته)[2].

وتهدف عملية إدارة الصف وضبطه إلى تحقيق ما يلي:

أ ـ توافر المناخ المناسب للعملية التعليمية والتعلمية بصورة فعالة.

ب ـ توافر البيئة الأكثر أماناً واطمئناناً للطلاب.

ج ـ رفع معدل نسبة التحصيل العلمي والمعرفي والسلوكي لدى الطلاب.

د ـ مراعاة نمو الطلاب بصورة متكاملة في جميع الجوانب.

---

[1] - سورة البقرة الآية ١٤٣.
[2] - معلم الفصل وإدارة الصف المدرسي: يسري أحمد الحداد، ص ٤٠.

٢-٤.القدرة على التعامل مع الموقف التعليمي:

إن المرحلة الحالية بمعطياتها الحديثة، فرضت تحولاً على مهنة المعلم وجعلته شريكاً للطالب في العملية التدريسية، بحيث يكون مشرفاً ومرشداً وموجهاً ومنسقاً لسير العملية بمراحلها وأجوائها.

فالمعلم الجيد هو الذي يجعل الموقف التعليمي شراكة بينه وبين الطالب، انسجاماً مع الاتجاهات الحديثة الداعية إلى ديمقراطية التدريس ليتحقق التعلم كثمرة لتلك الديمقراطية التدريسية. وهذا التوجه يجعل الطلاب يتحدثون أكثر من المعلم حتى يتعلموا من أخطائهم أكثر من تعلمهم من مدرسهم[١].

فالتدريس في ضوء الاتجاهات الحديثة لم يُعد مجرد نقل للمعلومات وحشو الأدمغة بها فقط، بل أصبح تعديلاً للسلوك وتكوينا للقيم والاتجاهات والمبادئ لدى الطلاب.

وهذا ما يميز المعلم العصري عن المعلم التقليدي، الذي كان ينتهج أسلوب الإلقاء والتلقين؛ أي أنه يتعامل مع الذاكرة عن طريق الحفظ، وأما الأول فيتعامل مع ذاكرة الإبداع، وهذه الفجوة بينهما تمثل المسافة الفارقة بين البعد التجديدي والبعد التقليدي في العملية التعليمية.

فالمعلم الكفء في أدائه يشبه الفنان المسرحي[٢]، بما يحدثه من تفاعل واندماج بينه وبين طلابه بصفة تفاعلية في جو تفاعلي جدلي بينهم (معلم طالب)، وذلك من خلال إيقاعات عرض الدرس وتدبيره، ونغمات الألفاظ المستخدمة في الحوار.

---

[١]- زاد المعلم: علي أحمد لبن، مرجع سابق، ص١٢،١١.

[٢]- خصائص المعلم العصري وأدواره : علي راشد ، مرجع سابق، ص ٣٢ .

إن التوظيف الدرامي في المواقف التدريسية يُعد ممتعاً وأكثر فاعلية وحماساً مما يسفر عن تحقيق أهداف تربوية منشودة بمردودية عالية.

إن خبراء التربية يؤكدون أهمية وفاعلية أسلوب الحوار والمناقشة الهادفة في مجرى المواقف التعليمية التعلمية الموصوفة بالنشاط والدافعية. فالمعلم الجيد هو الذي يجيد أسلوب الحوار والمناقشة على أسس علمية مهنية مستثمرا ذلك بما يحقق الأهداف المسطرة.

إن إتقان هذا البعد الفني يعد من الركائز المهنية الأساسية التي يجب على المعلم أن يستند إليها في أداء عمله. وفي هذا السياق قال تعالى:«**ادع إلى سبيل ربك بالحكمة والموعظة الحسنة وجادلهم بالتي هي أحسن**» [١].

إن المعلم الذي يمتلك كفايات وقدرات يستطيع التعامل مع الموقف التعليمي بإجادة من خلال[٢]:

- ❖ تنظيم الموقف التعلمي في ضوء ما لدى الطلاب من خبرات ومعلومات سابقة عن موضوع الدرس، وربطها بالخبرات التي سيقدمها لهم في الدرس الجديد.
- ❖ السعي إلى استثارة ميول الطلاب واهتماماتهم ودافعياتهم لكي يتم التدريس في جو ملائم وشيق.
- ❖ دور المعلم في عملية التعليم والتعلم، تصميم بيئة التعلم وتشخيص مستويات الطلاب، وأن يصف لهم ما يناسب من مواد تعليمية، ويتابع مدى تقدمهم وإرشادهم.

---

[١]- سورة النحل،الآية ١٢٥.

[٢]- إعداد المعلم تنميته وتدريبه: مصطفى عبد السميع، وسهير حواله، مرجع سابق، ص ٩٧-١٠١.

٢-٥ **تشجيع الطلاب على الأنشطة المدرسية:**

تعتبر الأنشطة المدرسية الصفية واللاصفية ذات أهمية في استثمار طاقات وإبداعات الطلاب، فالمعلم المبدع هو الذي يستطيع توظيف تلك الطاقات وجعل هذه الأنشطة ميداناً خصباً لخدمة العملية التعليمية والتربوية، من أجل صقل مواهب وإبداعات الطلاب، وبناء أبدانهم بناءاً صحياً، وتوجيه كل تلك الإمكانات والطاقات نحو التنمية الشاملة في أبعادها المختلفة، بما يعود على الأمة بالنفع. وهذا يحتاج إلى معلم مبدع يستطيع أن يوظف إمكاناته المهنية من خلال استخدام أسلوب التعزيز والتشجيع للطلاب، وإشعارهم بأن لهم دوراً مهمًا، كما يشعرهم بدفء عواطفه وحسن معاملته، كدافع وحافز لهم لمضاعفة الأنشطة الهادفة بما يحقق الغاية المرجوة، بالإضافة لما يقوم به من إشباع حاجاتهم العلمية والثقافية والرياضية، كي تتحقق المتعة والفائدة.

٢-٦.**مراعاة الفروق الفردية:**

من المعروف أن الطلاب لهم قدرات ومستويات مختلفة، فالمعلم الجيد هو الذي يمتلك الكفاية والقدرة لإدراك تلك الفروق، ويكون على وعي ومعرفة بها بين طلابه ويقدر ذلك أثناء أدائه للعملية التعليمية. فهو يقوم بتهيئة المواقف التعليمية المناسبة لهم[١]، من خلال اتباع الأساليب التربوية والنفسية التي تمكن كل طالب من الاستفادة حسب قدراته وإمكاناته الفسيولوجية والسيكولوجية، وهذا يتطلب من المعلم خطوات إجرائية مرسومة، ومبنية على أسس مهنية؛ منها القيام بتقسيم الفصل تقسيماً متجانساً دون أن يشعر الطلاب بذلك، ولكن يتم بطريقة فنية معروفة لديه في ذاكرته وتصوراته، وبالتأكيد كلما كان المعلم قريبا من طلابه نفسياً

[١]- المدخل إلى التربية :حليمة أبو رزق، مرجع سابق، ص ٢٤٤.

ومعنوياً ومكانياً يستطيع بخبرته التربوية أن يحد من تلك الفروق بالقدر المقبول الذي يساعد على الانسجام والتجانس في فضاء الفصل الدراسي.

إن المعلم المبدع يكون على وعي تام بالفروق الفردية بين طلابه[١] وكيفية مراعاتها، واستثمار تكنولوجيا التعليم في مراعاتها، ويخصص حيزاً من اهتمامه بصورة خاصة للمتفوقين من طلابه من ناحية، ومن ناحية أخرى للمتأخرين منهم. وهذا الخطاب ينسجم في بعده التدريبي مع ما قاله الرسول : « **نحن معاشر الأنبياء أمرنا أن نخاطب الناس على قدر عقولهم** »[٢].

٢-٧.توظيف الوسائل التعليمية:

تسهم الوسائل التعليمية إلى حد كبير في تهيئة الفرصة للحصول على المعلومات عن طريق استثارة عدد أكثر من الحواس وتجعل العملية التعليمية ممتعة. ويتم ذلك من خلال نقل الطلاب من الفضاء المجرد للحقائق إلى الفضاء المحسوس والملموس؛ أي تقريب الصورة الذهنية لديهم.ولقد بينت الأبحـاث أن الأدوات التعليمية شديدة الفاعلية، وأن الطلاب يسترجعون تقريبا ما معدله ٢٠% مما يرون و٣٠% مما يسمعون، و٥٠% مما يرون ويسمعون معا. حين تتاح الفرصة للاستماع والمشاهدة والتفاعل مع البيئة التعليمية، فإن الاسترجاع للمعلومات يصل إلى نسبة ٨٠%.[٣]

[١] - خصائص المعلم العصري وأدواره: على راشد، مرجع سابق، ص ٣٩.

[٢] - الشبكة الإسلامية- المكتبة – فصل مخاطبة الناس على قدر عقولهم،ص ١٥٥ ، رواه أبو الحسن التميمي من أصحابنا في كتاب العقل له، بإسناده عن ابن عباس، رضي الـلـه عنهما.كما ورد الحديث عن ابن عباس أيضاً في:الدرر المنثرة : الجلال اسيوطي، دار الفكر،م ١،رقم الحديث(٩٠)، ص١٠١.استخدمت كلمة نكلم بدلا عن نخاطب في الرواية الثانية .

[٣] - إعداد المعلم تنميته وتدريبه: عبد السميع، سهير حواله، مرجع سابق، ص ٤١.

إن المعلم الجيد هو الذي يمتلك القدرة التي تؤهله لتوظيف واستثمار تلك الأدوات التعلمية بشكل جيد، مما يزيد من معدل التحصيل، على أن يتم ذلك بإتباع عدد من الإجراءات والقواعد التربوية، مثل حسن الاختيار للوسائل من حيث مناسبتها للطلاب والدرس، ومدى ما تعبر عنه من حقائق علمية صادقة تتفق مع المرحلة والعصر بالإضافة إلى وضعها في المكان المناسب، واستخدامها في الوقت المطلوب أثناء عرض الدرس مع إجادة استثمار المتوافر منها بالمرفق التعليمي أو البيئة المحلية، أو حتى حجرة الدرس نفسه[١].

٢-٨. توظيف الأساليب والطرائق[٢]:

يستطيع المعلم الجيد تنويع الأساليب والطرائق أثناء عرض المادة التعليمية حسب مقتضيات المواقف التدريسية، ودرجة الحاجة إلى ذلك، بمنطقية علمية محكومة بالقوة الاستثمارية لها.

فالمعلم المهني الماهر يتطلب أن تكون لديه القدرة على استخدام وسيلة أو أكثر، حسب اللزوم والطلب، كما يجيد التعامل مع استراتيجيات الأسئلة كأسلوب لعرض المحتوى بطريقة مشوقة، مع مراعاة نوعها ودقة اختيارها وتنويع استخدامها، ورصانة صياغتها، بحيث تكون معبرة ومناسبة للموقف أو الظرف. كما يجب أن يكون على دراية بأساليب وأنواع التقويم وامتلاك مهاراته[٣]، بالإضافة إلى استثارة الدافعية من خلال استعمال عبارات التعزيز الدالة على الثناء والمدح والقبول والاستحسان لكل فعل إيجابي أو قول، مع ضرورة تصويب الفعل أو القول الخطأ بطريقة تربوية تبني ولا تهدم، وهذا يتطلب من المعلم قوة معرفة

١- زاد المعلم : علي أحمد لبن، مرجع سابق، ص١٨.

٢- زاد المعلم : علي أحمد لبن، المرجع نفسه، ص١٨.

٣- المكانة الاجتماعية للمعلم وسبل تعزيزها :أسماء يعقوب، مرجع سابق، ص ٣٠،٣١.

وفهماً عميقاً لأفضل الطرائق، والوقت المناسب لاستخدامها أثناء الحوار والمناقشة، وذلك من خلال المعادلة الجدلية الإيجابية الأفقية بين المعلم والطالب مع أهمية ضرب الأمثلة كتجسيد للظاهرة التعلمية حتى تكون أكثر ثباتا واستقرارا في خلد المتلقي، واستخدام أسلوب التكرار بهدف تعميق الفهم وتثبيته في الأذهان.

وقد كان رسول الـلـه ـ يتبع أسلوب التكرار بهدف تثبيت المعلومات، ويرى ابن خلدون أن ذلك مفيد [١].

٢-٩.الصفات العلمية:

عندما يتمكن المعلم من ناصية العلم في مادة تخصصه يكون معلما كفؤا. ولكي يحظى بذلك عليه أن يتقنه حتى يضع بعدا أساسياً له للسير في عمله بخطوات ثابتة ومعروفة يستطيع استثمارها وقت حاجته، كما يتطلب منه أن يحيط به إحاطة كافية [٢]، ويسعى دائما إلى متابعة كل جديد في ميدانه، ليبقى على علم بما يحدث من تطورات علمية وتربوية. بالإضافة إلى الاستماع إلى مختلف وسائل الإعلام حتى لا يكون في الهامش مما يحدث، وأن يصبح ذا فكر تربوي فعال قادر على المناقشة والبحث في القضايا التربوية، والتعامل مع التقنيات الحديثة بفعالية، ليستطيع التعامل مع المعلومات والحقائق والمعارف بتألق وبعقلانية تحكمها الدقة وحسن الاستفادة إلى أقصى درجة بما يخدم المجال البيداغوجي. كما يجب أن تكون لديه رؤية شمولية للقضايا العلمية، لا رؤية محدودة في زاوية معينة ضيقة، والمطلوب وفق المنهج التكاملي [٣] الذي يتيح فرصة أكبر لإحاطتها

---

[١]- المدخل إلى التربية : حليمة أبو رزق، مرجع سابق، ص ٢٥٥ .

[٢]- المكانة الاجتماعية للمعلم وسبل تعزيزها: أسماء يعقوب، مرجع سابق، ص ٣٠.

[٣]- المنهج التوجيهي: لتكوين المكونين: مصطفى الزباخ، ميلود أحبدوا، وأخر، مرجع سابق، ص٢٥.

من جميع الجوانب بطريقة رصينة يكون لها أثر واضح وملموس على البعد الإنتاجي، كثمرة للجهود والتفاعلات. وأهم معالم هذه الرؤية هي[1]:

- يعد المعلم مرجعا في مجال تخصصه، وفي السياسات، والمفاهيم، والحقائق المرتبطة، بمادته الدراسية.

- يستطيع مواجهة المواقف التعليمية، والأسئلة المفاجئة من بعض طلابه بثقة كاملة.

- أن يكون محل احترام طلابه وتقديرهم، وقدوة صالحة لهم في السلوك والتصرفات.

ويمكن القول إن المعلم يجب أن يتمتع بجملة من الصفات والخصوصيات التي تنسجم مع الرسالة التي يقوم بها، ليكون معلماً صالحاً يقتدى به، ويكتسب ثقة طلابه ومجتمعه على حد سواء.

وفي الواقع، فإن الصفات والفضائل كثيرة ومتعددة، يصعب إجمالها أو حصرها نظراً إلى تشعب مهنة التدريس في جوانبها وأبعادها، وتعدد الأطراف الفاعلة فيها، والعمليات التي تدار أثناء المواقف التدريسية على وجه الخصوص، وهناك صفات عامة مرتبطة بكل المدرسين ومنهم مدرسو اللغة العربية، وأخرى خاصة بمدرسي اللغة العربية. ونلجأ إلى هذا التحديد من باب التسهيل والتبسيط، مع إدراكنا أن التداخل والتقارب كبير والفارق صغير بينهما، بالإضافة إلى إعطاء صورة مختصرة ومبسطة عن تلك الصفات الواجب توافرها لدى معلمي اللغة العربية في المرحلة الثانوية، والتي يمكن اختزالها على النحو التالي:

[1] - خصائص المعلم العصري وأدواره: علي راشد، مرجع سابق، ص ٤٠-٤٤.

٣- الصفات العامة[1]:

٣-١.الاهتمام بالمظهر الخارجي وحسن الأخلاق والتحلي بآداب التحية كسلوك.

٣-٢.مراقبة اللـه في السر والعلن، وتأدية الشعائر الدينية بصورة متكاملة، مبتعداً عن استغلال عمله لتحقيق مآربه الذاتية.

٣-٣. الترفع عن أي أمر قد يهين مهنته وقدره، وأن يكون ضابطاً للنفس وكاظماً للغيظ، وأن يقدم منفعة للآخرين في أنصع تجلياتها، وأن يحرص بصفة مستديمة على القراءة والاطلاع والتزود من العلم، ويتابع كل جديد في مجال عمله.

٣-٤. التواضع والعدل في معاملة طلابه وغيرهم بمكارم الأخلاق .

٣-٥. إتقان التخصص واستخدام الطرائق المناسبة أثناء عرضه لمحتوى الدرس.

٣-٦.تقديم الدرس لطلابه بما يتلاءم مع مستوياتهم وقدراتهم، ملتزما بالتسلسل المنطقي أثناء عرضه.

٣-٧. الإلمام بمهارات التقويم وأنواعه ممتلكاً مهارات استخدامه.

٣-٨. توافر الاستعداد المهني والرغبة الصادقة للانتماء لمهنة التعليم كرسالة سامية[2].

٤- الصفات الخاصة بمعلمي اللغة العربية[3]:

٤-١. الإلمام بالقرآن الكريم والحديث الشريف وبعض علوم الدين الإسلامي الحنيف نظراً للترابط بينها وبين اللغة العربية.

٤-٢. الاعتزاز باللغة العربية وتحبيبها إلى نفوس طلابه وتشجيعهم على تعلمها وإتقانها.

---

[1] تقويم برامج إعداد معلم اللغة العربية: أحمد اليماني، ص ٦٠.
[2] المكانة الاجتماعية للمعلم وسبل تعزيزها: أسماء يعقوب، مرجع سابق، ص٣٠، ٣١.
[3] تقويم برامج إعداد معلم اللغة العربية: أحمد اليماني، مرجع سابق، ص ٦١.

٤-٣. الإلمام بخصائص اللغة العربية وتراكيبها، ومدركاً لفنونها وتصاريفها ومتقناً لمهاراتها.

٤-٤. أن يكون واسع الثقافة فيما يتعلق باللغة العربية ومتذوقاً لآدابها، ويمتلك القدرة على التحليل والنقد لنصوصها نثراً وشعراً.

٤-٥. الاطلاع على شعر العرب ونثرهم، وحافظ لبعض القصائد والخطب، وقادراً على توظيف الشواهد عند الحاجة.

٤-٦. امتلاك القدرة على توجيه طلابه ومساعدتهم ليتمكنوا من التمييز بين فنون الأدب وتحديد مواطن الجودة فيه وتذوق فنياته.

هذا ما يمكن ذكره من الصفات المطلوب توافرها في معلمي اللغة العربية، وهناك صفات أخرى يجب على المعلمين أن يتصفوا بها ويعملوا على اكتسابها من خلال التطورات بمختلف أنواعها، أو ما يستجد في مجال تخصصهم ومهنتهم من أبحاث وتكنولوجيا ودراسات حديثة، توصل إليها العصر الحديث الموصوف بالسرعة والدقة والاتساع في العلم والمعرفة، في القرية الكونية المفتوحة على كل الأصعدة مما يجعل المهنة أكثر تعقيداً، ويتطلب رفع وتيرة المتابعة للارتفاع إلى مستوى التحديات والرهانات للحاق بركب الحضارة.

ولتكون الصورة أكثر بهاءً حول خصوصيات المعلم الفاعل وصفاته، نورد ما جاء من صفات للمعلم في كتاب منهاج المعلم والإدارة التربوية،[1] تحت عنوان صفات المعلم وخصائصه. وقد تمثلت بعشر صفات رئيسة تتضمن الجوانب الجسمية والعقلية والمعرفية والمهنية والأخلاقية، وغيرها من الصفات والخصائص، صنفناها في الشكل التالي (١).

[1] - منهاج المعلم والإدارة التربوية: سمير محمد كبريت، ص ٧ ـ ١٩.

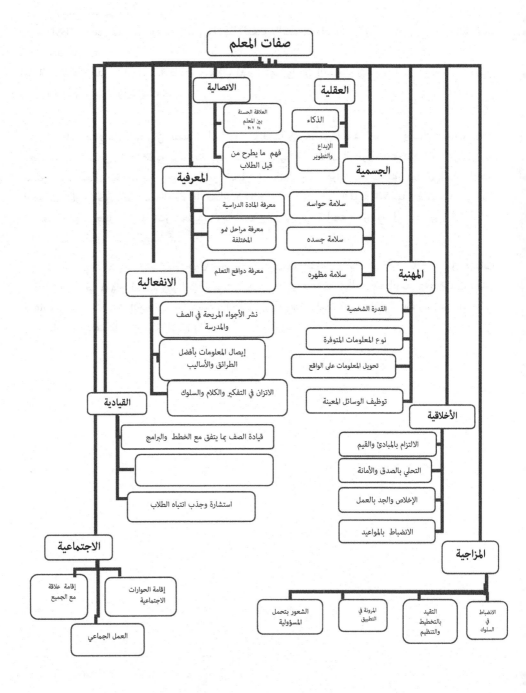

صفات المعلم

العقلية
- الذكاء
- الإبداع والتطوير

الاتصالية
- العلاقة الحسنة بين المعلم ؟ ؟ ؟
- فهم ما يطرح من قبل الطلاب

الجسمية
- سلامة حواسه
- سلامة جسده
- سلامة مظهره

المعرفية
- معرفة المادة الدراسية
- معرفة مراحل نمو المختلفة
- معرفة دوافع التعلم

المهنية
- القدرة الشخصية
- نوع المعلومات المتوفرة
- تحويل المعلومات على الواقع
- توظيف الوسائل المعينة

الانفعالية
- نشر الأجواء المريحة في الصف والمدرسة
- إيصال المعلومات بأفضل الطرائق والأساليب
- الاتزان في التفكير والكلام والسلوك

الأخلاقية
- الالتزام بالمبادئ والقيم
- التحلي بالصدق والأمانة
- الإخلاص والجد بالعمل
- الانضباط بالمواعيد

القيادية
- قيادة الصف بما يتفق مع الخطط والبرامج
-
- استشارة وجذب انتباه الطلاب

الاجتماعية
- إقامة علاقة مع الجميع
- إقامة الحوارات الاجتماعية
- العمل الجماعي

المزاجية
- الشعور بتحمل المسؤولية
- المرونة في التطبيق
- التقيد بالتخطيط والتنظيم
- الانضباط في السلوك

ثانياً - أهمية معلم اللغة العربية:

تنطلق أهمية معلم اللغة العربية من الأعمال القيمة التي يقدمها للمجتمع الذي يعد جزءا منه، وذلك لدوره الريادي في تربية الأجيال[1]. ومما يعني أن تأهيل المعلم مؤشر حقيقي على مستوى المستقبل الواعد بالتقدم والتطور في مختلف مجالات الحياة وجوانبها. وهذا يعكس مدى التطور العلمي والتقني الذي يحرزه المجتمع، الذي يفترض فيه الاهتمام بالمعلمين من جميع الجوانب، وخاصة فيما يتعلق برفع كفاءاتهم وتطوير قدراتهم لكي يمتلكوا القدرة والفعالية في أعلى مستوياتها، بغية تحقيق التقدم والتطور المنشود للأمة، بأجود مردودية وبأقل إمكانيات.

إن الاهتمام الواعي يكشف أسرار التقدم الحضاري ويمنح المعلم أهمية عالية اعترافا بأدواره المتعددة في مجرى تطور الحياة، وهو ما أكده التراث العربي الإسلامي الذي يبوؤه أهمية ومكانة عظيمة مستمدة من التعاليم السامية للإسلام.

وقد جاء في القرآن الكريم ما يؤكد تلك الأهمية والمكانة بقوله تعالى: (يرفع الله الذين آمنوا منكم والذين أوتوا العلم درجات و الله بما تعملون خبير)[2].

وأكدت الأحاديث الشريفة أهمية المعلم، بقوله صلى الله علية وسلم : **(فضل العالم على العابد كفضلي على أدناكم)** **(رواه الترمذي)**.[3] ؟

وها هو أمير الشعراء يلفت نظرنا إلى عظمة مهمة المعلم، حيث قال[4]:

أخرجت هذا العقل من ظلماته ... وهديته النور المبين سبيلا
وطبعته بيد المعلم تارة ... صدأ الحديد، وتارة مصقولا
وإذا المعلم ساء لحظ بصيرة ... جاءت على يده البصائر حولا

---

[1]- تقويم برنامج إعداد معلم اللغة العربية للمرحلة الثانوية : أحمد مهدي اليماني، ص٥٦، ٥٧.
[2]- سورة المجادلة، آية ١١.
[3]- رياض الصالحين للنووي: أخرجه الترمذي برقم 2686 ، ص547.
[4]- الشوقيات : أحمد شوقي م١ ، ج ١ ، مرجع سابق، ص ١٦٦.

كل ذلك يدل على تلك الأهمية العالية للمعلم التي توليه إياها هذه النصوص وغيرها من التراث العربي الإسلامي، ومدى اهتمام الحضارة العربية الإسلامية بالمعلم لفضائله المتعددة[4].

والجدير بالذكر أن أهمية معلم اللغة العربية ارتبطت بمكانة اللغة العربية وأهميتها باعتبارها لغة القرآن الكريم، ولما قامت به من دور رائد في نشر الدين الإسلامي الحنيف، واستنباط الأحكام الدينية، ارتفعت مكانتها وارتفع معها معلمها.

و يكتسب معلم اللغة العربية مكانة إضافية إلى ما سبق، من أهمية المرحلة التي يدرسها؛ فمدرس المرحلة الثانوية له أهمية خاصة، نظراً لخصوصية هذه المرحلة وموقعها في السلم التعليمي، فهو من أهم العوامل التي تزيد من كفاءة وفعالية أي نظام تربوي، كونه أحد المحددات التي تقرر نوع التربية ومستواها، ويعود هذا إلى دوره الريادي[١]، كما أنه يعتبر المسؤول عن إدارة العملية التعليمية في كل جوانبها.

ويتفق جميع العاملين بالتربية والتعليم على أن النجاح في تطوير العملية التعليمية يعتمد اعتمادا أساسياً على المعلم وكفاياته التدريسية[٢]، وهذا - بلا شك - يزيد من أهميته ومكانته.

ثالثاً - دور معلم اللغة العربية:

يشهد العالم اليوم تقدما علمياً وتقنياً واسع النطاق، يتصف بالدقة والتعقيد في تركيبه، مما يعني ضرورة الارتقاء إلى مستوى العصر قدر الإمكان، حتى لا تتسع الفجوة بين الدول المتقدمة والسائرة في طريق النمو، خاصة في ميدان التربية التي تشهد تغيرات واسعة في أبعادها العلمية والتربوية من حيث الأهداف

[١]- تربية المعلم للقرن الحادي والعشرين: محمد مالك محمود ، ص 297.

[٢]- الكفايات التعليمية: صالح العيون، مرجع سابق، ص 1.

والأساليب والطرائق والوسائل والمناهج. ويحتم هذا على التربية بكل مكوناتها الارتقاء إلى مستوى العصر، وإدراك العبء الملقى على عاتقها حتى يتحقق في المستقبل الأمان لكل الأجيال. وهذا يستدعي من المعلم أن يقوم بدوره على أكمل وجه باعتباره المترجم الحقيقي لأهداف التربية والتعليم والمحرك الرئيس الذي يستطيع أن يقرأ بعناية خطط المستقبل ويحدد ملامحه، مستفيداً من قدراته وإبداعاته التي امتلكها خلال عملية تكوينه على أساس الكفايات. فالمعلم العصري لا يقف دوره عند نقل المعرفة والحفاظ على التراث بل يتعدى دوره إلى ما هو أبعد من ذلك. ويمكن تلخيص بعض تلك الأدوار في النقاط التالية:

١. الانتقال من الجانب النظري إلى الجانب العملي بصورة متوازنة، والانتقال من التعامل مع ذاكرة الحفظ إلى ذاكرة الإبداع.

٢. تنظيم وتيسير عملية التعلم والتعليم لدى الطلاب[١].

٣. السير في التعليم بقدرة تتفق مع قدرات وميول كل طالب.

٤. التمكن من الانتقال من المهنية أثناء عرض الدرس إلى الشراكة الديمقراطية مع الطلاب لإحداث الفائدة لديهم.

٥. يعد المعلم قوة دافعة في النظام التعليمي، فصلاحه يعني صلاح المنظومة التعليمية بأكملها.

٦. القيام بعملية الإعداد والتكوين للأجيال الصاعدة، والعمل على تنمية قدراتهم ومهاراتهم.

٧. الإسهام في تقدم وتطوير المجتمع كرائد اجتماعي.

٨. يعُد القدوة الحسنة لطلابه في كل السلوكيات[٢].

---

[١]- تقويم برنامج إعداد معلم اللغة العربية: أحمد مهدي اليماني، مرجع سابق ، ص ٦٢.

[٢]- تكوين المعلم العربي : جبرائيل بشارة ،ص 28.

٩. يعتبر ناقلا بسيطا للمعرفة في تناول الجميع (كما يرى جان بياجيه)[١].

نظراً للثورة المعلوماتية والتطور التكنولوجي الفائق الذي يشهده العالم المعاصر، فقد أضحى مطلوبا من المتعلم التوفر على صفات شخصية، وأنماط سلوكية تتفق مع التطورات. فمعلم اليوم ليس كمعلم الأمس ملقنا وناقلا للمعرفة، وإنما هو منسق لبيئة التعلم بما فيها من موارد، وموزع للعمل والأدوار، يكسر عادة تبعية الطلاب ويشجعهم على الاستقلال الفكري.[٢]

التعليم عن بعد:

أصبح هذا المفهوم يتداول في كثير من دول العالم بين الأوساط التربوية والتعليمية، لذا كان من الضروري أن نوضح مفهومه ومبرراته وأنماطه إلى جانب إيجابيته والمتمثلة في التالي:

أ - مفهومه :

يرى هولمبرجHolmb (Bori صلى الله عليه وسلم rg صلى الله عليه وسلم (، أنه (كافة الأشكال المختلفة للدراسة في كافة المستويات)[٣].

كما أنه يعني الاستخدام المنظم للوسائل المختلفة؛ أي أنه طريقة التربية التي يكون فيها المتعلم بعيداً عن المعلم، وهذا يعني، بطريقة أو بأخرى، أن التعليم يقع بصفة رئيسة على عاتق المتعلم بأنماط عديدة [٤].

وهو عملية حوارية بين المعلم والمتعلم بطريقة غير مباشرة عبر وسائط تعليمية مختلفة.

[1] - Edition et Instruction depuis 1935 : J. Piaget, p 41.

[٢] - إعداد المعلم تنميته وتدريبه: مصطفى عبد السميع وسهير حوالة، ص 92، 240.

[٣] - دراسات حول إنتاج المواد التعليمية لبرامج التعليم عن بعد : يعقوب نشوان، ص ١٠.

[٤] - دراسات حول إنتاج المواد التعليمية لبرامج التعليم عن بعد : يعقوب نشوان: المرجع نفسه، ص١٣.

ب - مبرراته:

برز في الواقع عدة مبررات للأخذ بنظام التعليم عن بعد، ومن أهمها[1] :

١. الارتباط بفلسفة التعليم المستمر لمواجهة المتطلبات والحاجات والمهارات الحاصلة يومياً في مختلف المجالات .

٢. مواكبة التقدم العلمي السريع والتراكم المعرفي الواسع.

٣. عدم وجود تأثير سلبي على المخرجات التعليمية بسبب الحاجز المكاني، وهذا ما أثبته البحث العلمي.

٤. تحقيق وإتاحة الفرص في التعليم، والأخذ بديمقراطيته، والتي تعد من مقومات الأمن القومي.

ج - أنماطه:

هناك أنماط للتعليم عن بعد تتمثل في الآتي[2]:

١. التعليم بالمراسلة بواسطة المطبوعات .

٢. التعليم بالوسائل التعليمية، وذلك من خلال استخدام: المطبوعات، الوسائل السمعية، الوسائل البصرية، الوسائل السمع بصرية، وأخيراً برامج الكمبيوتر.

٣. البث الإذاعي أو التلفزيوني، ويمتاز هذا بالتواصل بين المعلم والمتعلم سمعياً وكتابياً ، وبث المادة بثاً حياً.

٤. استخدام الأقراص المدمجة والمكتبات الإلكترونية، والوسائط المتعددة والانترنت.

---

[1]- إعداد المعلم تنميته وتدريبه: مصطفى عبد السميع ، وسهير حواله، مرجع سابق، ص ٣٢،٣٣ .

[2]- إعداد المعلم تنميته وتدريبه : مصطفى عبد السميع ، وسهير حواله، المرجع نفسه، ص ١٣٤.

د - إيجابياته:

هناك كثير من الإيجابيات المرتبطة بنظام التعليم عن بعد، ومن أهمها:[1]

١. التغلب على العائق الزمني، بالإضافة إلى مساعدة الدارسين نتيجة لظروفهم غير الملائمة.

٢. التغلب على العائق المكاني المتمثل في بعد المسافة، أو ضيق السعة المكانية في المؤسسات التعليمية والتكوينية.

٣. الاستفادة القصوى من الأطر المؤهلة لعدد أكبر من الدارسين في المؤسسات البيداغوجية والتعليمية، وعدم احتكارها على عدد محدود منهم.

٤. التغلب على العوائق المالية.

٥. إعطاء المعلمين اختيارات أوسع في الموضوعات والطرائق[2].

٦. إعطاء الحرية للمعلمين للتقليل من الواجبات التقليدية.

٧. الاستفادة من مختلف التقنيات الحديثة في ميدان التربية والتكوين.

وعلى الرغم من كل تلك الميزات والايجابيات التي يتمتع بها التعليم عن بعد، إلا أنه يفتقد إلى خاصية الوجود المتزامن للمتعلم والمعلم في الموقع نفسه، مما يعني فقدان صفة التعامل المباشر وروح التواصل بين المرسل والمستقبل كعلاقة جدلية، لإحداث عملية التأثير والتأثر، خاصة في الجانب التربوي الذي قد لا يتوافر في التعليم عن بعد بالمقارنة بما يحققه التعليم عن بعد في الجانب التعليمي التعلمي إلى حد ما. وهذا يؤكد أن المعلم يحظى بأهمية بالغة ولا ينتقص من دوره رغم أهمية تلك الأساليب والتقنيات الحديثة. ويبقى المعلم القدوة الحسنة في العملية التعليمية والتربوية لعدة اعتبارات، أهمها: الحوار المباشر الذي يعُد

[1] - إعداد المعلم تنميته وتدريبه : مصطفى عبد السميع وسهير حوالة، المرجع نفسه، ص٣٣ .

[2] - دراسات حول إنتاج المواد التعليمية لبرامج التعليم عن بعد: يعقوب نشوان، مرجع سابق، ص١١.

أكثر تأثيراً وتحفيزاً، إلى جانب الاستفادة من التوجيهات التربوية وتعلم السلوك الحسن من المعلم، من خلال التصرفات والتمثلات التي يظهرها باعتباره مربياً ومعلماً للطلاب في آنٍ واحد، تتجسد تصرفاته في شخصيتهم المستقبلية واليومية بفضل وجود جو حواري قريب ومشترك بينهما (المعلم والمتعلم) دون حواجز أو عوائق؛ مما يؤثر تأثيراً إيجابياً على سلوك الطلاب، وخاصة عندما يكون المعلم ذا أهلية تربوية وعلمية جيدة محكومه بالجوانب المهنية.

رابعاً - المكانة الاجتماعية لمعلم اللغة العربية:

تشكل المكانة الاجتماعية لمعلم اللغة العربية بعداً أساسياً في حياته، وخاصة فيما يتعلق بأداء عمله وقوة عطائه التعليمي. وسيتم تناول هذا الأمر ومعالجته في ضوء الأبعاد التالية:

١- مفهوم المكانة الاجتماعية للمعلم:

المكانة الاجتماعية تعني الدرجة التي يحتلها المعلم في سلم التقديرات بشكلها العام لدى مجتمعه بالقياس مع المهن الأخرى.

وقد عرفت المكانة الاجتماعية بأنها: "مركز اجتماعي في نظر الآخرين يتم الوصول إليه بفضل التقدير الاجتماعي، الذي يحصلون عليه، وتصاحبه بعض مظاهر الاعتراف والاحترام"[١].

وجاء في تعريف آخر بأنها "صورة ذهنية تعبر عن الدرجة التي تحتلها مهنة التعليم والمعلمون بها على سلم التقدير العام للمهن تبعاً لنظام تقويمي موضوعي"[٢].

[١]- المعلم إعداده ومكانته وأدواره: محمد سعفان، وآخر،مرجع سابق، ص ٢٦.

[٢]- المكانة الاجتماعية للمعلم وسبل تعزيزها: أسماء يعقوب، مرجع سابق، ص ١١.

وعرفت أيضاً بأنها:"المنزلة والتقدير الممنوحان للمعلم، ويستدل عليها من مستوى الامتنان والتقدير لأهمية عمله، ولقدراته، وللظروف العملية المحيطة، والأجور والمنافع المادية الأخرى الممنوحة له، بالقياس إلى مجموع المهن الأخرى"[١].

كما تشير المكانة الاجتماعية للمعلم إلى أنها:(المقام الذي يناله المعلم، كما يذل عليه مستوى التقدير لخطورة الوظيفة التي يأديها، وكفاياته في تأديتها، وأحوال العمل، والمرتب ومنافع مادية أخرى تعطى له بالمقارنة مع أفراد المهنة الأخرى).[٢]

٢- مكانة المعلم في الإسلام:

احتل المعلم على مر العصور في الحضارة الإسلامية مكانة عظيمة، مستمدة من العقيدة الإسلامية ومبادئها وقيمها التي تمجد العلم، وتوليه مكانة مرموقة. والإسلام حافل بالأمثلة والشواهد التي تؤكد هذا الاهتمام والتقدير.

وكان المعلم والعلماء وطلاب العلم مقدرين، ومكانتهم بين الناس مقدمة، واحترامهم وافراً، وقولهم فصلاً، ولم يتخذ التعليم حرفة، وإنما كان عملاً دينيا يمارس من قبل من لديه علم، اقتداء برسول الـلـه صلى الـلـه عليه وسلم، وابتغاء لوجه الـلـه[٣].

وقد عبر القرآن الكريم عن هذه المكانة في قوله تعالى:« **شَهِدَ اللّهُ أَنَّهُ لاَ إِلَـهَ إِلاَّ هُوَ وَالْمَلاَئِكَةُ وَأُوْلُواْ الْعِلْمِ قَآئِماً بِالْقِسْطِ لاَ إِلَـهَ إِلاَّ هُوَ العزيز الحكيم** »[٤]

---

[١]- الأوضاع المادية والمكانة الاجتماعية: نعيم حبيب، مرجع سابق، ص ٢١٤٢، ٢١٤٣.

[٢]- معلمون لمدارس الغد: جان تومان، ترجمة فؤاد صروف، ص ٤٤.

[٣]- المكانة الاجتماعية للمعلم وسبل تعزيزها: أسماء يعقوب، مرجع سابق، ص ١٨.

[٤]- سورة آل عمران، الآية ١٨.

و هذا يعني: أن المعلم كان له شأن بما يتناسب وجلال مهنته في تعليم الناس وتأهيلهم لحياة أفضل، حيث قال رسول الـلـه صلى الـلـه عليه وسلم عن سمو هذه المكانة، فيما رواه الترمذي وحسنه عن أبي أمامة أن الرسول صلى الـلـه عليه وسلم قال:«**إن الـلـه وملائكته وأهل السماوات والأرض حتى النملة في جحرها وحتى الحوت ليصلون على معلمي الناس الخير**»[1].

وعندما نمعن النظر في ذلك كله تتبين تلك المكانة العالية التي يحتلها المعلم لفضائله، ولما يقوم به من أدوار متعددة ومهمة في المجتمع، جعلته أهلا لكل عبارات التقدير والثناء.

ومما يزيد مكانته أهمية اللغة العربية نفسها التي نزل بها القرآن الكريم، حيث قال تعالى:« **إِنَّا أَنزَلْنَاهُ قُرْآناً عَرَبِيّاً لَّعَلَّكُمْ تَعْقِلُونَ**».[2] وقد أدت عملية ارتباط اللغة العربية بالقرآن الكريم إلى اجتهاد النحاة واللغويين في دراستها من كل الجوانب والنواحي الخاصة بها، حيث كان القرآن الكريم محور اهتمام الدارسين، من أجل خدمة الدين الإسلامي الحنيف. إن كل تلك الخصائص رفعت من شأن مكانة معلم العربية بحكم الترابط القوي بينها وبين القرآن الكريم.

٣- مكانة المعلم بين الماضي والحاضر:

كانت المكانة الاجتماعية للمعلم مكانة مرموقة، حتى إن المرء كان يفخر بأنه تتلمذ على يد شخص من العلماء، ويكتسب شهرته ومكانته من شهرة من علمه ومكانته[3].

فقد كانت النظرة للمعلم نظرة احترام وتقدير، حيث كان يتقاضى مرتباً شهريا عالياً مقارنة برواتب الموظفين الآخرين، لذا كان راضياً من الناحية المادية

---

[1]- رياض الصالحين: يحيى بن شرف النووي، تحقيق عبد العزيز رباح، ودقاقه احمد الدقاق، ص٤١.

[2]- سورة يوسف، الآية ٢.

[3]- المعلم الفاعل والتدريس الفعال: محمد عدس، مرجع سابق، ص ١٩.

التي وفرت له حياة كريمة ورفعت مكانته الاجتماعية، وأتاحت له بالتالي التفرغ للقيام بمهام التعليم. وأصبح الالتحاق بمهنة التعليم حلماً يتوق إليه كل فرد، وهذا يعني أن المهنة ذات الدخل المرتفع تجعل النظرة الاجتماعية نظرة احترام وتبجيل، فهي تشعر المعلم بقيمته ومكانته المأمولة، وتزيده ثقة بالنفس وتعمق لديه الشعور بالاعتزاز والفخر بانتسابه لمهنة التعليم[١].

وفي الوقت نفسه كان المجتمع يمنح كثيراً من الصلاحيات للمعلم، فجعله صاحب قرار، إذ كانوا يرون فيه مربياً، وهذه الصلاحيات الممنوحة له وضعته محل الاحترام والتقدير من المجتمع. وأيضاً كان المجتمع يقدم له الدعم لما في ذلك من عظيم الأثر في مصلحة ومستقبل أبنائهم. وكانت المدرسة تساند هذا التوجه بقوة من خلال الاعتماد على الضبط، مما أدى إلى حفظ هيبة المدرسة، وبالتالي حفظ مكانة المعلم.

ومازال يعمل بهذا الاتجاه في اليابان التي جعلت للمعلم مكانة قد تصل إلى التقديس وهذا هو سر نجاحهم[٢].

وأما المكانة الاجتماعية للمعلم في العصر الحالي، بالرغم من التقدم العلمي والمعرفي الكبير، فقد تراجعت إلى أدنى مستوى، لعدة أسباب؛ أبرزها قلة الناحية المادية، حيث أصبح دخل المعلم لا يوفر له المتطلبات الأساسية،فالمهنة ذات الدخل المرتفع تحظى بالاحترام والتقدير من قبل الجميع، وضعف الناحية المادية للمعلم جعلت نظرة المجتمع إليه نظرة محملة بمعاني الإشفاق[٣].

ولعل تراجع تلك المكانة في العقود الأخيرة، تعود إلى أن مهنة التعليم أصبحت غير مرغوب فيها، ومن المهن التي لا يقبل عليها الشباب، إضافة إلى

---

[١]- المعلم بين النظرية والتطبيق: خالد زكي عقل، ص ٤٧.

[٢]- المعلم بين النظرية والتطبيق: خالد زكي عقل ،المرجع نفسه، ص ٤٨.

[٣]- المعلم بين النظرية والتطبيق: خالد زكي عقل ،المرجع نفسه، ص٤٧.

أنها لم تنل حظا وافرا من الرعاية والاهتمام من قبل الجهات الرسمية والمجتمع إلا القليل وفي الحد الأدنى[1]. لذا فقدت مهنة التعليم كثيراً من قدسيتها التي كانت تتصف بها. وقد أدى ذلك إلى تدني مكانة المعلم الاجتماعية، وأصبح الناس ينظرون إليه كشخص عادي، بمقدور كل من خطر على باله مزاولة مهنة التعليم، تحت ضغط الحاجة لسد النقص الحاصل في المدارس، في ظل هيمنة الانفجار السكاني المتزايد، وجعل التعليم إلزامياً ومجانيا[2].

وهذا أدى بدوره إلى تدني دخل المعلم، ومن ثم تدني مركزه الاجتماعي كنتيجة للترابط القوي بين الدخل والمكانة.

٤- أثر المكانة الاجتماعية للمعلم في رسالته التربوية:

تعد المكانة الاجتماعية لمعلم اللغة العربية مسألة جوهرية في إرساء الاستقرار النفسي والاقتصادي والمعنوي له، نظراً لتشعب علاقته وارتباطاته بالناس أكثر من غيره من معلمي المواد الأخرى، لأن هؤلاء على علاقة باللغة العربية في بعدها النفعي، فهم يحتاجونها للاستخدام اليومي لقضاء حوائجهم المتعددة، وخاصة في أداء شعائرهم وفهم نصوص دينهم؛ أي القرآن الكريم والسنة النبوية المطهرة.

من ناحية أخرى، فإن تقدم الأمة ومستقبلها ومصيرها، ومدى تقدمها اجتماعياً واقتصادياً وثقافيا وحضاريا ... ، مرتبط بالمعلمين، الذين يقومون بدور تربية الأجيال وتعليمهم[3].

---

[1]- وضع المعلم المهني والعلمي وسبل تطويره: إسماعيل عبد الله الحوسني، ورقة عمل مقدمة للندوة التربوية صنعاء.

[2]- المعلم بين النظرية والتطبيق: خالد زكي عقل، مرجع سابق، ص، ٢١.

[3]- تقويم برامج إعداد معلم اللغة العربية : أحمد اليماني، ص ٥٦ .

ومن هنا تسمو مكانة المعلم وترقى أهميته، مما يستوجب تقديره واحترامه وبناءً على ذلك دعى الشاعر أحمد شوقي في تعظيم مكانة المعلم قائلا[1]:

أعلمت أشرف، أو أجل من الذي يبني، وينشيء أنفساً وعقولا ؟

لقد أكدت بعض الدراسات(أن الأوضاع المادية والمكانة الاجتماعية للمعلم من أهم العوامل المؤثرة في عطائه)[2]، باعتباره الركيزة الأساسية في التعليم، وبدون استقراره ماديا ومعنويا يصعب ترجمة المناهج مهما توافرت وتطورت معها الوسائل التعليمية الأخرى.

إن المجتمعات- بدون استثناء- تؤكد في مختلف المحافل على ضرورة الاهتمام بالمعلم من كافة الجوانب، ومن ذلك المجتمع العربي والإسلامي، وخاصة اليمن باعتبارها جزء منهما.

فالمكانة الاجتماعية تمثل عامل استقرار للمعلم، وضماناً لجودة التعليم وارتفاع مستويات التحصيل الدراسي. فمثلا نجد الصين تربط بين التقدم والاهتمام بالمعلم اجتماعياً ومادياً على وجه الخصوص، فمنذ عام ١٩٧٧م، رفعت شعار احترام المعلم في المدارس والأماكن العامة. وأما اليابان فقد اهتمت بالمعلم ماديا واجتماعيا، واحتفت به وكرمته[3] ، في حين أن الولايات المتحدة الأمريكية، أنها رفعت خلال عشرين عاما، رواتب العاملين بمهنة التعليم بمعدل متوسط للمدرسين في المرحلتين الابتدائية والثانوية من (٤٠٥٥) إلى (١٢٥٢٤) دولارا سنوياً، أي بنسبة زيادة تقدر بحوالي (٢٩١%) بالنسبة لمدرسي المرحلة الثانوية، خلال الفترة (١٩٥٦/٥٥-١٩٧٦/٧٥)[4].

---

[1]- الشوقيات: أحمد شوقي، م ١، ج١ ، ص ١٦٦.

[2]- الأوضاع المادية والمكانة الاجتماعية: نعيم حبيب جعنيني، ص ٢١٥٧، ٢١٥٨.

[3]- تطوير التعليم الأساسي والثانوي: صبري الهيتي، ورقة عمل مقدمة للندوة التربوية، صنعاء.

[4]- المعلم إعداده ومكانته وأدواره: محمد سعفان، وسعيد محمود، ص ٢٨.

كل ذلك الاهتمام يأتي من الإدراك لدور المعلم ومكانته، وتقديرا لهذا الدور الذي يعمل على صقل الموهبة، قال الشاعر معبرا:

إن المعلم شعـلة قدسـية　　　تهدي العقول إلى السبيل الأقـوم

هو للشعوب يمينها وسلاحها　　　وسـبيل أنعـمها وإن لم ينـعم

ونظراً لأهمية مكانة المعلمين، أصدرت منظمة اليونسكو، ومنظمة العمل الدولي عام ١٩٦٦ م، التوصية المتعلقة بمكانة المعلمين، والتي تضمنت (المنزلة والتقدير الذي يجب أن يُمنح لهم لأهمية عملهم وقدراتهم، والاهتمام بأجورهم مقارنة بالمهن الأخرى)[١].

٥- أسباب تراجع مكانة المعلم:

هناك أسباب وعوامل كثيرة وقفت حجر عثرة في طريق انطلاق مكانة المعلم بصفة عامة كما ساقها بعض الباحثين على النحو التالي:

أ- أسباب مهنية:

هناك أسباب مهنية عديدة، ومن أهمها:

١- جمود السلم الوظيفي المتمثل في قلة فرص ترقي المعلم، فقد يبقى بدون ترقية بينما يحصل من هو في موظف في المهن الأخرى على الترقيات رغم قلة سنوات خدمته.[٢]

٢- غياب تنفيذ القوانين واللوائح التي تؤكد مساندتها وحمايتها للمعلم، مما قد يحدث له من قبل الطلاب المشاغبين وأولياء أمورهم.

---

[١]- الأوضاع المادية والمكانة الاجتماعية للمعلم: نعيم حبيب جعنيني، مرجع سابق، ص٢١٤٠.

[٢]- المكانة الاجتماعية للمعلم وسبل تعزيزها: أسماء يعقوب، مرجع سابق، ص ٢٤،٢٣.

٣- عدم إشراك المعلم في عملية الإعداد والتخطيط للعملية التعليمية، ليكون على اطلاع ودراية بما يحدث ويجري، والتأكيد على أحقيته بذلك، والاستفادة من خبراته وإمكاناته بما يتفق مع متطلبات الواقع.

٤- كثرة الأعباء المهنية والاجتماعية الملقاة على عاتق المعلم داخل المدرسة وخارجها، مثل الأعمال الإدارية، والإشرافية، والأنشطة المدرسية المختلفة.

إن المعلم يطالب بكل شيء، ويعاقب على الخطأ ولا يكرم على فعل الصواب[١].

حيث قال الشاعر إبراهيم طوقان عن معاناة المعلم[٢]:

حسب المعلم غمة وكآبة مرأى الدفاتر بكرة وأصيلاً

مائة على مائة إذا هي صححت وجد العمى نحو العيون سبيلا

٥- تأثير النظريات والفلسفات التربوية الغربية الدخيلة على نظامنا التربوي والتعليمي، وتطبيقها دون مراعاة لثقافتنا وتراثنا الحضاري وعاداتنا وتقاليدنا، وطبيعة مجتمعنا، مما جعلنا في حالة مسخ وفي أزمة حادة، حيث لم نستطع التكيف معها، ولا نحن عدنا إلى خصائصنا وحضارتنا،مما جعل المعلم مسلوب الصلاحيات مع عدم وضوح الرؤية لديه[٣].

[١]- وضع المعلم المهني والعلمي وسبل تعزيزه: إسماعيل عبد الله الحوصني، مرجع سابق، ورقة عمل مقدمة للندوة بصنعاء.

[٢]- ديوان إبراهيم طوقان: إبراهيم طوقان، ص ٤٣٦.

[٣]- المعلم بين النظرية والتطبيق: خالد زكي، مرجع سابق، ص ٤٨ - ٥٠.

ب- الأسباب المادية :

وتتصدر مصاف الأسباب الكامنة وراء ضعف وضعية المعلم، إذ تحدد طريقة معيشته التي تنعكس على مستوى أداء عمله مباشرة وأهمها ما يلي:

١- تدني مرتبات وأجور المعلمين، فالوضع المادي لا يكفيهم، ولا يحقق متطلبات الحياة الكريمة لهم، ولأولادهم[١]، مقارنة بالمهن الأخرى.إن الجانب المادي عامل أساس بالنسبة للمعلمين حتى يشعر كل مدرس بقيمته المهنية التي يمارسها، وأهميتها وأهمية مركزه[٢]، فتدني دخل المعلم يؤدي إلى تدني مركزه الاجتماعي والاقتصادي[٣]، لأن العلاقة بينهما علاقة طردية.

٢-غياب المكافآت المالية للمعلمين المبدعين مثل أقرانهم في المهن الأخرى، وكذلك المساواة بين المقصر والمبدع من المدرسين.

٣- عدم إعطائهم مقابلا على الأعمال الإضافية خلال الدوام وبعده، مثل أعمال الامتحانات وغيرها، رغم الجهد المبذول وحاجاتهم لذلك، نظراً لضعف أجورهم ومرتباتهم[٤].

من خلال ما ذكر نلاحظ أن العامل المادي سبب رئيس في تدني المكانة الاجتماعية للمعلم؛ فالكثير من المعلمين في الوطن العربي مغبونون مادياً[٥].

---

[١]- وضع المعلم المهني والعلمي وسبل تطويره:إسماعيل عبد الله الحوسني، مرجع سابق، ص ٧.

[٢]- المكانة الاجتماعية للمعلم وسبل تعزيزها: أسماء يعقوب، مرجع سابق، ص٢٤.

[٣]- المعلم الفاعل والتدريس الفعال: محمد عدس، مرجع سابق، ص ٢١.

[٤]- المكانة الاجتماعية للمعلم وسبل تعزيزها: أسماء يعقوب، مرجع سابق، ص ٢٤.

[٥]- إعداد وتدريب المعلم العربي: عبد الفتاح أحمد حجاج، ص ٥٧٣.

ج- الأسباب الاجتماعية :

لعل أبرز الأسباب الاجتماعية هي:

١- أصبح المعلم أقل شأنا من أصحاب المهن الأخرى وأكثر امتهانا، فعندما يذكر مهنته يذكرها باستحياء عندما يسأل، لما يراه في وجه الناس من ملامح الاحتقار والنظرة الدونية.

٢- الدور السلبي للإعلام، الذي يقوم بالتقليل من قيمة المعلم بدون قصد، وكذلك الأفلام والمسلسلات والمسرحيات، في ظل غياب الإعلام التربوي وفاعليته في إبراز دور المعلم وأهميته في المجتمع والحياة، كدور رائد، مما أدى إلى انتزاع هيبته بسبب تراجع القيم والأخلاق لدى أطراف العملية التعليمية[١].

بالإضافة إلى أن تلك الوسائل قد شكلت مصدراً آخر للمعرفة والثقافة، مما جعل التمحور والتحول والاهتمام بها أكبر من التعليم ورجالاته[٢].

٣- الاهتمام الكبير بالعاملين في الجهات الأخرى غير التعليم، ورعايتهم والعناية بهم، وجعلهم في مكانة مرموقة، مما أدى إلى إحباط المعلمين وشعورهم بانتقاص مهنة التعليم، و أدى هذا الشعور إلى تدني مستوى التحصيل.

٤ - هناك عدد كبير من الملتحقين بمهنة التعليم الذين ينتمون إلى أصول اجتماعية متواضعة في مستواها، اتخذوا هذه المهمة سبيلاً للوصول إلى غاياتهم الاجتماعية عبر مهنة التعليم[٣].

٥- النظرة القاصرة من المتمدرسين، وبعض أولياء الأمور، وحتى بعض المدرسين من المواد الأخرى، مفادها أن مادة اللغة العربية لا تحتاج إلى جهد كبير وأنها مادة سهلة، فأدى ذلك إلى عدم الاهتمام بها من قبل الطالب بالصورة

---

[١]- المكانة الاجتماعية للمعلم وسبل تعزيزها: أسماء يعقوب ، مرجع سابق، ص ٢٤، ٢٥.

[٢]- المعلم إعداده ومكانته وأدواره: محمد أحمد سعفان، وسعيد محمود، ص ٢٨-٣١.

[٣]- إعداد وتدريب المعلم العربي: عبد الفتاح حجاج، مرجع سابق، ص ٥٧٣.

الكافية. ويعني هذا عدم إتقانها وممارسة مهاراتها بالشكل المطلوب، ومن ثم تدني مستوى التحصيل العلمي في المادة نفسها وفي المواد الأخرى باعتبارها وسيلتها في عملية التواصل التعليمي، وأدى أيضا إلى وضع المعلم في خانة التقصير، وتدني مكانته الاجتماعية كنتيجة لذاك.

٦- عدم مراعاة أولياء الأمور لمشاعر المعلم، والتعامل معه بطريقة غير لائقة لا ترقى إلى مستوى المهنة والحضارة، باعتباره صاحب رسالة يجب التعامل مع حاملها بكل تقدير واحترام. لكن ما يحدث قد يكون العكس بل يتم التطاول عليه من قبل طلابه[١]، مما يعني إزاحة المعلم عن المكانة اللائقة به كمرب للأجيال، بالإضافة إلى تخلي المجتمع عنه وعدم مساعدته، بل ظل بهذه الحالة رهن مقولة المطلوب منه أن يفعل كل شيء وهو لا يملك شيئاً[٢].

د- الأسباب العلمية والفنية :

وقد تمثلت هذه الأسباب في التالي:

١-عدم توافر الإمكانات الحديثة اللازمة لعمل المعلم التي تساعده على الإبداع والتفنن في عمله، بالإضافة إلى كثافة الفصول بالطلاب، وارتفاع معدل النصاب من الحصص، وكثرة الأعمال الكتابية، مما يعني تحول عمله المهني من الإبداع إلى العمل الآلي العادي[٣] الذي يخلو من التفكير.

٢- ضعف مستويات خريجي كلية التربية مع عدم تطوير أنفسهم مهنيا وعلميا وثقافيا، فيبقى الحال كما هو عليه من وقت التخرج حتى سنوات عديدة في

---

[١]- المكانة الاجتماعية للمعلم وسبل تعزيزها: أسماء يعقوب، مرجع سابق، ص ٢٤، ٢٥.

[٢]- المعلم بين النظرية والتطبيق: خالد زكي، مرجع سابق، ص ٤٨- ٥٠.

[٣]- المكانة الاجتماعية للمعلم وسبل تعزيزها: أسماء يعقوب، مرجع سابق، ص٢٥.

التدريس، فيتلبد عليهم- مع مرور الزمن - الصدأ، إلى جانب تعدد المؤهلات والمستويات بين المعلمين[1].

٣- بقاء مهنة التعليم بلا أسوار تحرسها؛ أي أصبحت مهنة غير محمية بالشروط المهنية وظلت مفتوحة أمام الجميع المتخصصين وغيرهم، مما أدى إلى ضخامة العدد فيها، وأغلبهم لا يحسنون المهنة في أبسط قواعدها؛ الأمر الذي أساء وقلل من شأن المهنة والنيل من مكانة المعلم.

٤- ضعف مستوى التلاميذ المنتقلين من المرحلة السابقة، ويعني هذا أن معلم المرحلة الثانوية لا يستطيع تحقيق نتائج بالقدر المطلوب وكما هو مأمول منه، فينعكس أثر ذلك عليه، فيتهم بالتقصير من قبل أولياء الأمور والجهات المسؤولة، فتصبح صورته أمام المجتمع سلبية فلا تحترم مكانته الاجتماعية.

خامساً - أساليب التكوين:

أ- مفهوم التكوين المهني[2]:

كثيراً ما يحدث خلط عند البعض حول مفهوم التكوين (Formation)، ومفهوم الإعداد (Pr صلى الله عليه وسلم paration) ومفهوم التدريب (Training)، ومفهوم التأهيل (Qualification).

فكلها مفاهيم يستخدمها المربون والعاملون في مجال صناعة المعلمين.

ولعلّ من الضروري إعطاء مزيد من التوضيح وتسليط الضوء على تلك المفاهيم، حتى تتجلى صورة ومعنى كلّ منها بوضوح من خلال إبراز الفروق

---

[1] - إعداد وتدريب المعلم العربي: عبد الفتاح حجاج، مرجع سابق، ص ٥٧٣.

[2] - تكوين المعلم العربي: جبرائيل بشارة، ص ٢٨.

بينها، درءاً للخلط، وبالتالي تمكين مستخدميها من توظيفها بشكل صحيح عند معالجتها.

١- الإعداد : Pr صلى الله عليه وسلم paration

ويعني في مدلوله التربوي: ما يتلقاه الطالب المعلم في مؤسسات التكوين قبل ولوجه الخدمة. أو هو صناعة أولية للطالب المعلم استعداداً لمزاولة مهنة التدريس، بحيث يعد ثقافياً وعلمياً ومهنياً. وأبرز مراكز التكوين كليات التربية، كما يعني الإعداد التربوي للتدريس.

كما يعرف الإعداد بأنه: (جميع المعارف الموجهة التي يكتسبها المتكون، حيث المعارف مشروطة للنجاح في الدروس الخاصة أو المعمقة).[١]

وترى اليونسكو بأن الإعداد: (وسيلة تمكن من الحصول على الاستجابات اللازمة لأداء العمل على الوجه الصحيح)[٢].

٢- التأهيل : Qualification

هو جزء من مرحلة الإعداد ومكمل لها فبعد أن يُعدّ الطالب المعلم ثقافياً وعلمياً ومهنياً في إحدى الكليات حسب تخصصه العلمي، يزود بمعارف تربوية نفسية، من خلال التقنيات التربوية مختلفة الأغراض والأنواع، بهدف تحسين نوع الأداء التدريسي على أسس تربوية؛ أي أنه يتلقى تعليمه التخصصي في كلية ما لمدة محددة، وبعد ذلك يعطى فترة- لمدة عام- مثلاً لتلقي التأهيل التربوي المناسب، حتى يكون مقبولاً لولوج مهنة التدريس[٣].

---

[1] - Dictionnaire actuel de l'éducation : Renaule Legendre, p 520.

[٢]- معايير إعداد مدرسي العلوم في المرحلة الثانوية: عبد الغني يحي الشيخ، ص ٢١.

[٣]- أثر التكوين التربوي: أحمد محمد النجار، ص ٣٢، ٣٣.

٣- التدريب: Training

فالتدريب يشير في مدوله إلى تلك العمليات النمائية التي يتلقاها المعلم أثناء الخدمة في الميدان التربوي[١].

وهو امتداد لمرحلة الإعداد، بهدف تحقيق التنمية المستمرة لمفاهيم المعلم ومهاراته الأدائية وقدراته ومعلوماته. وتتم هذه العملية أثناء الخدمة من أجل مواجهة كل جديد يطرأ على الحياة عامة، وخاصة المنهج وطرائق التعليم ووسائله وأساليبه المختلفة، ليرقى المعلم إلى مستوى التطور والتطوير اللذين تفرضهما تحديات العصر ومستجداته. فالتدريب هو عملية تربوية هادفة للمعلم، ويعني: (مرحلة التكوين التطبيقي التي تتموقع سواء أثناء مرحلة الدراسة أو بين نهاية الدراسة وبداية الأنشطة المهنية، والتي تتضمن تنمية التكوين أو إعادة التكوين)[٢].

٤- التكوين: Formation

التكوين إطارا يجمع بين الإعداد قبل الخدمة والتدريب أثناء الخدمة. وهذا ينسجم مع التربية المستدامة، فالحياة تتغير وتتطور، وهو ما يتطلب الاستمرار في تكوين المعلمين، بهدف الإحاطة بكل جديد في عالم المعرفة والتكنولوجيا، وغيرهما من التقنيات والأساليب التربوية، حتى يستمر النمو المعرفي والمعلوماتي للمعلم، ليكون قادراً على أداء عمله التدريسي بيسر وسهولة، وبالتالي تحسين مهارته وأدائه التربوي، بما يتلاءم مع التطورات المتعددة على الأصعدة كافة، وخاصة الجانب التربوي والتعليمي والبيداغوجي للتربية والتكوين.

---

[١]- تكوين المعلم العربي: جبرائيل بشارة،مرجع سابق، ص ٢٩.

[2] - Dictionnaire actuel de l'éducation : Renaule Legendre, Ibid, p 520.

في حين يُعد التكوين: (مسارا لتطوير الفرد، ويهدف إلى الحصول أو تحسين القدرات... قدرات التخيل، والفهم والاكتساب، واستخدام الجسد)[١].

أو هو: (مجموعة المعاريف النظرية والتطبيقية المرتبطة بتقنية...)[٢] .

ب- تكوين معلم اللغة العربية للمرحلة الثانوية:

إن الدور المطلوب من المعلم يحتاج إلى تكوين جيد تتوفر فيه المواصفات والمعايير العلمية ، لكي تتم عملية ضبط مرحلة إعداده قبل الخدمة، واستمرار تدريبه أثناء الخدمة فعملية التكامل بينهما أصبحت ضرورة لمواكبة الدور المتغير للمعلم، ومن أجل مواجهة التطورات المعرفية والتكنولوجية على مختلف الجوانب وخاصة في ميدان التربية والتكوين البيداغوجي، وذلك لأن الاستدامة في التكوين وترابط الإعداد والتدريب وجهان لعملة واحدة[٣]. وهذا يعني أن تكون العملية متعددة الجوانب في مدخلاتها وعملياتها لضمان النتائج الجيدة والمردودية العالية، كما يشير بعض الخبراء إلى أن التكوين من خلال الشراكة بين أطراف عملية تكوين المعلمين يعتبر عاملا للتطوير في اتجاه تكوين مهني متطور[٤].

تُعد مرحلة الإعداد مهمة في صناعة المعلمين وصقل مهاراتهم، والمتمثلة في عملية الإعداد قبل الخدمة في مؤسسات التكوين (كلية التربية).

---

١ - Le trajet de la formation, les enseignants entre la théorie et la pratique : Gilles Ferry, p36.

2 - Dictionnaire d'apprentissage de la langue française : Alain Rey, p 533.

٣- المعلم في مدرسة المستقبل: جبرائيل بشارة، ص ٢٠.

4 - La formation des enseignants au partenariat : Zay Danielle,p 5.

جوانب إعداد معلم اللغة العربية:

نجد من خلال المقررات المعتمدة في الدراسات العربية بالكلية أنها تتضمن جوانب ثقافية وجوانب مهنية تربوية وجوانب معرفية تخصصية (أكاديمية)، وهذه الجوانب تعد أساسية في برامج إعداد معلم اللغة العربية للمرحلة الثانوية، ويمكن إبرازها على النحو الآتي:

٣-١. الإعداد الثقافي[١] :

ويعني هذا تزويد المعلمين بثقافة عامة تسمح لهم بالإطلاع على علوم أخرى غير تخصصية، ومعرفة الثقافة المحلية والعالمية، لكي يمتلكوا قدراً كافياً من المعرفة والوعي بقضايا علمية عامة تتعلق بمجالات عدة وتجعلهم مستوعبين للأحداث والتطورات بوعي وإدراك.

٣-٢ .الإعداد التخصصي[٢] :

ويتمثل في الجانب الأكاديمي أو التخصصي من خلال البرامج الدراسية المقررة على الطالب المعلم الذي يقوم بدراستها والتعمق فيها بالإضافة إلى أساليب تدريس اللغة العربية في المرحلة الثانوية. فالإعداد الأكاديمي يزويد معلم اللغة العربية بالمفاهيم والأساسيات في مجال التخصص الذي سيقوم بتدريسه مستقبلاً، وبالتالي يصبح ذا مستوى عالٍ من الكفاءة العلمية التخصصية. وتشمل تلك البرامج المقررات الدراسية التي سيدرسها الطالب المعلم في كلياته كتخصص رئيسي وفرعي.

---

[١]- إعداد المعلم وتنميته وتدريبه : مصطفى عبد السميع، وسهير حواله، مرجع سابق، ص ٢٣ .

[٢]- إعداد المعلم وتنميته وتدريبه :مصطفى عبد السميع، وآخر، مرجع سابق، ص٢٤ .

٤-٣ . التربية العملية:

تعد التربية العملية أمراً حاسماً وأساسياً في عملية التدريس، وجعل الطالب المعلم ينتقل من الجوانب النظرية التي تعلمها واكتسبها خلال دراسته النظرية، إلى الجوانب العملية، أي يمارس الخبرة التي اكتسبها داخل الفصل الدراسي. فالتربية العملية هي العامل في كسر الحاجز النفسي لدى الطالب المعلم، وجعله يألف المرفق التعليمي ويقيم علاقة حميمة مع البيئة المدرسية بكل مكوناتها المختلفة، لذ يعطى الطالب المعلم ضمن المقررات تربية عملية نظرية وأخرى عملية.

أ)- التربية العملية (نظرياً)[١]:

يهدف الجانب النظري من التربية العملية إلى تحقيق مجموعة من الأهداف أهمها:

أ – تنمية الاتجاهات الإيجابية نحو مهنة التعليم والالتزام بأخلاقياتها.

ب- الحرص على الاستفادة من آراء الآخرين فيما يتعلق بالتدريس.

ج- التعرف إلى الكفايات الأدائية اللازمة للمعلم في الموقف التدريسي.

د- التعرف إلى الصعوبات والمشكلات التعليمية التي يواجهها المعلم الجديد.

هـ- تطبيق المفاهيم والمبادئ والنظريات والأساليب التربوية عملياً.

١- دليل كليات التربية: فريق الإعداد ، مرجع سابق، ص ٣٥.

ب)- التربية العملية (عملياً)[1]:

وتسعى إلى تحقيق الأهداف التالية:

١-   تنمية قدرة الطالب المعلم على الملاحظة الدقيقة والنقد البناء وتقبل نقد الآخرين.

٢-   إقحام الطالب المعلم في الميدان التعليمي لكسر الحاجز بينه وبين عملية التدريس.

٣-   لفت انتباه الطالب المعلم نحو نقاط الضعف في أداء تدريسه وتعامله مع الطلبة.

٤-   تعويد الطالب المعلم تحمل المسؤولية الكاملة من خلال تمثله نشاطات اليوم الدراسي.

٥-   التعرف إلى عناصر الموقف التعليمي بشكل خاص.

---

[1]- دليل كليات التربية: فريق الإعداد، المرجع نفسه، ص ٣٦.

الفصل الرابع
المرحلة الثانوية

يتناول هذا الفصل المرحلة الثانوية من حيث أهميتها ووظيفتها في العملية التعليمية ونظام القبول فيها وموقعها في السلم التعليمي، ثم عرض خصوصية طلاب هذه المرحلة من الجوانب كافة، إضافة إلى عرض لمقررات وأهداف تعليم اللغة العربية في المرحلة الثانوية.

أولاً – أهمية المرحلة الثانوية " نظام القبول فيها وخصائص طلابها":
الأهمية:

تعد المرحلة الثانوية، مرحلة تعليمية مهمة، فهي مرحلة وسيطة بين التعليم الأساسي والتعليم الجامعي، ولها مهام وتبعات كبيرة يجب الانتباه إليها والعناية بها، فالتعليم الثانوي يعد من المراحل المهمة في بناء الإنسان أو في بنية النظام التعليمي، فهو يقوم بدور مهم في تنشئة الشباب خلال فترة مراهقتهم، وتكوينهم ليصبحوا مواطنين صالحين، وإعدادهم للحياة المنتجة عبر المدارس المهنية، أو

لمواصلة الدراسة بالمراحل العليا. وتعتبر المرحلة الثانوية ركيزة أساسية لما بعدها، فهي مرحلة انتقالية بين المراحل السابقة واللاحقة لها.

فقد ذكرت دراسة " وفاء البرعي (أن العلاقة بين التعليم الثانوي العام والجامعي علاقة مفصلية، فمخرجات التعليم الثانوي من الطلاب تعد مدخلا أساسيا من مدخلات التعليم الجامعي بكل مشاكله)[1].

وما يؤكد أهمية المرحلة الثانوية؛ فهي تقوم بوظائف حاسمة ومتكاملة ، ومنها[2] :

- معالجة وتحسين مستوى الطلاب المترتب على المرحلة السابقة لها.

- مساعدة الطلاب على الارتقاء بما سبق أن تعلموه في المراحل السابقة، وتمكينهم من تطوير كفاءاتهم ومهاراتهم اللغوية.

- تهيئة الطلاب لمرحلة التعليم العالي، وتعميق معارفهم وتطويرها.

يتبين من خلال هذه الوظائف أهمية التعليم الثانوي. فهو حلقة جوهرية في السلم التعليمي، وأي قصور فيه أو سوء تدبير له سيؤثر سلبا على مسيرة التعليم اللاحقة، وعلى مستقبل النمو الاقتصادي والعلمي للبلاد، و يستدعي هذا ـ بلا ريب ـ العناية بهذه المرحلة التعليمية، وبالتالي العناية باللغة العربية باعتبارها وسيلة للتعليم ومادة تدرس، وفي الوقت نفسه يجب إتقانها والاهتمام بها ليتم البناء عليها .

إن تعليم اللغة العربية مسألة ملحة تقتضيها معطيات الحضارة، للحفاظ على الهوية الوطنية والقومية، وللرفع من المستوى العلمي والتعليمي للمواطن لكي تتحقق المردودية من التعليم، فضلا عن ذلك يُعد تعلمها ضرورة دينية لفهم

---

[1]- منظومة تكوين المعلم: محمد عبد الرزاق إبراهيم، ص١٢،١٣.

[2]- ملاحظات حول تعليم اللغة العربية في المرحلة الثانوية :عبد الجليل هنوش، ص 251.

أصول ومبادئ وتعاليم وقيم ديننا الإسلامي الحنيف، وضرورة معرفية لمواجهة التطور السريع، والسيل المعرفي الغزير الذي تتقاذفنا أمواجه، المرسل إلينا من الأمم الأخرى بلغاتها المنسجمة مع التطور الصناعي والتكنولوجي. ويتطلب هذا الارتقاء إلى مستوى ذلك بلغة ثريّة حيّة قادرة على امتصاص تجارب الأمم بروح عربية قومية.[١]

وهذا ما يؤكده التعليم الثانوي باليمن من خلال إكساب الطلاب جملة من القدرات والقيم والاتجاهات والمهارات والقضايا الوطنية والدينية، لمواجهة التحديات والتطورات.

خصوصية نمو طلاب المرحلة الثانوية:

من المعروف أن طلاب المرحلة الثانوية يمرون بمرحلة عمرية ذات أهمية كبيرة، لها أبعاد جسمية وعقلية وانفعالية واجتماعية، يجب على المعلم أن يكون مدركا لها ولأهميتها، نظرا لخطورة ما يجري فيها من تغيرات وتأثيرات جسمية وعقلية، وقد تكون إيجابية أو سلبية، وهذا راجع إلى نوع ومستوى التوجيهات والإرشادات من قبل المعلم، ومدى توجيه التلاميذ نحو المفيد النافع. وهذا ـ بلا شك ـ مرتبط بمستوى تكوين المعلم، وامتلاكه الكفايات التربوية والثقافية التي تؤهله للتعامل مع تلك الجوانب الحساسة لدى الطلاب، فهي تتميز بالنمو المتسارع وزيادة مطالب النمو، ويمكننا إبراز تلك الخصوصيات من خلال:

١. النمو العضوي:

يظهر هذا النمو من خلال النمو الجسمي والفسيولوجي، فملامح النمو الجسمي في هذه المرحلة يتصف بالزيادة السريعة،[٢] وذلك من خلال الزيادة في

١- تطوير التعليم الثانوي: حمود السياني، مرجع سابق، ص82،81.

٢- سيكولوجية المراهقة: أحمد محمد الزعبي، ص ٣٤.

الطول، والوزن،ونمو الهيكل العظمي والعضلات، وتعبيرات شكل الوجه. ويتميز هذا النمو بعدم الاتساق ووجود فجوة بين نمو (العضلات والعظام)[١]، و(معدل التعليم). يؤثر هذا النمو على الطلاب في حدوث القلق والاضطرابات لديهم، مما يتطلب تدخل المعلمين للقيام بعملية الإعداد لتقبل متغيرات مرحلة المراهقة .

أما النمو الفسيولوجي، فتحدث فيه تغيرات قوية في الغدد، وحدوث زيادة في نشاط بعضها وضمور البعض الآخر، بالإضافة إلى نمو الأجهزة الداخلية مثل القلب، والمظاهر الجنسية، وزيادة نشاط الغدد، ومظاهر البلوغ الجنسي، ونمو الأعضاء التناسلية، وهذا أيضا يحتاج من المعلمين القيام بالتوعية والإعداد لتلافي حدوث أي أمور عكسية تؤثر على الطلاب في هذه المرحلة.

٢ . النمو العقلي:

ويحدث في هذا الجانب تفتح جديد في القوى العقلية، فيزيد الذكاء بشكل حاد والتحرر من حدود الواقع المحسوس، والانتقال إلى عالم التصورات المجردة، والمبادئ والنظريات، والانطلاق منها إلى تحليلات، وتتفرع القدرات وتتمايز لدى الطلاب إلى جانب تميزهم في هذه المرحلة بالنمو العقلي كما وكيفاً[٢]، مما يستدعي المعلمين مراعاة الطلاب في الفروق الفردية وفي القدرات والاستعدادات، والقيام بدور توجيههم وإرشادهم لاختيار نوع التعليم والمناشط بما يتفق مع مستوياتهم واستعداداتهم وقدراتهم.

٣. النمو الانفعالي:

يمثل النمو الانفعالي عنصراً أساسياً عند المراهق، وما يطرأ على شخصيته من تغيرات، وذلك لما لهذا النمو من علاقة وثيقة في التغيرات الفسيولوجية[٣]،

[١]- الكفاءات التعليمية اللازمة لمعلم اللغة العربية في المرحلة الثانوية باليمن: آنيسة محمد هزة،مرجع سابق، ص ١٢٤.
[٢]- دليل المعلم : وزارة المعارف في السعودية (وزارة التربية حاليا)، ص ٩١.
[٣]- سيكولوجية المراهقة: أحمد محمد الزعبي،مرجع سابق، ص ٦١.

بحيث نلاحظ أن انفعالات المراهق متقلبة وغير ثابتة، ويتميز بالحساسية الزائدة من بعض المثيرات مثل الشعور بأنه مازال صغيراً، أو بأن الآخرين ينتقصون من كرامته واعتزازه بنفسه، إلى جانب ظهور الخيال الخصب لدى طلاب هذه المرحلة.[1]

وهذا أمر يقوم على عاتق المعلمين، ويتطلب منهم دوراً تربوياً رائدا في التعامل مع المراهق بما يحبه ويرغبه، بالإضافة إلى احترام وجهة نظره، وتشجيعه على تحمل المسؤولية، وأن له دورا في الحياة لابد أن يقوم به. كما يجب الاهتمام بأي مشكلة انفعالية لديه والمبادرة إلى حلها وعلاجها حتى لا تأخذ اتجاها غير مرغوب فيه قد يؤثر على المراهق.

٤. النمو الاجتماعي:

ويتم في هذا الجانب تعلم القيم والمعايير الاجتماعية، كما يؤدي الانتقال عبر المراحل الدراسية إلى زيادة ثقة المراهق بنفسه وشعوره بأهميته. ومن مظاهر النمو الاجتماعي في هذه المرحلة اتساع دائرة التفاعل الاجتماعي، والميل إلى جماعات لها أهداف مشتركة يشارك المراهق في نشاطها، ويثق بها ويحترمها، ويتمثل قيمها ومعاييرها.

ويكون دور المعلمين في هذه المرحلة هو الملاحظة والإشراف والتوجيه للجماعات، وتوجيه نشاطها بما فيه الخير لهم وللمجتمع.

وهذا يتطلب تعليم الطلاب القيم الروحية والخلقية، والمعايير السلوكية السليمة، التي تصب في جملتها، فيما يحقق الاستقرار النفسي والاجتماعي لطلاب هذه المرحلة الحساسة التي تقبل أي تحولات وتوجيهات. وهنا يكمن دور الإبداع وحسن الاستثمار للكفايات المكتسبة في مرحلة تكوين المعلمين.

---

[1]- دليل المعلم: وزارة المعارف في السعودية (وزارة التربية حاليا)، المرجع نفسه، ص ٩٢.

إن ذكر خصائص طلاب المرحلة الثانوية ليس لمجرد الذكر، ولكن لإبراز أهميتها ودقتها، وكيفية التعامل مع طلاب هذه المرحلة بإدراك كامل، نظرا لما تتمتع به من خصوصية في السلم التعليمي، ولما لها من مركزية ووسطية بين المراحل السابقة واللاحقة التي تؤثر وتتأثر بها.

ومن ناحية أخرى إبراز الدور المهم والفاعل للمعلمين في التعامل مع طلاب هذه المرحلة، على أسس تربوية تتفق مع حاجاتهم وقدراتهم، وكذلك التأكيد على أهمية تكوين المعلمين على أسس ومعارف ومبادئ تربوية ونفسية واجتماعية، من أجل مساعدتهم للقيام بعملهم على أكمل وجه.

ثانياً . أهـداف تعليم اللغة العربـية في المرحلة الثانوية:

١- الأهداف العامة لتعليم اللغة العربية في المرحلة الثانوية

يسعى منهاج اللغة العربية في المرحلة الثانوية إلى تحقيق الأهداف الآتية[١]:

١- ١. تنمية ثروة الطالب اللغوية من المفردات والتراكيب وتوظيفها توظيفاً مناسباً.

١-٢. تمكينه من مهارات القراءة مع التركيز على السرعة والفهم والتحليل والنقد.

١-٣. تعريفه ألوان مختلفة من فنون الأدب العربي وتمكينه من تذوق أساليبها الفنية والجمالية.

[١]- دليل المعلم إلى تدريس اللغة العربية للصف الأول الثانوي :مجموعة من المؤلفين، وزارة التربية والتعليم، ص ١٥،١٦.

١-٤. اكتسابه القدرة على قراءة النصوص الأدبية والموضوعات الأخرى قراءة معبرة ممثلة للمعنى.

١-5. تعزيز معرفته بالمفهومات والقواعد النحوية والصرفية، واستخدامها استخداماً وظيفياً مناسباً.

١-٦. إتقانه مهارات التعبير (الوظيفي والإبداعي) عن خواطره، ومشاعره، وإحساساته، ومشاهداته بأسلوب شفهي أو كتابي.

١-٧. إتقان ممارسته لمهارات الكتابة مع الاهتمام بالوضوح، والتناسق، والسرعة، والدقة، والتجويد.

١-٨. تنمية قدرته على التفكير العلمي السليم القائم على الاستيعاب والتحليل والنقد.

١-٩. تعزيز قدراته على التعلم الذاتي من خلال النشاطات اللغوية المتنوعة.

١-١٠. تنمية ميوله الإبداعية الأدبية، وتوجيه مواهبه ورعايته.

١-١١. تعميق اعتزازه بلغته العربية بوصفها من مقومات شخصيته وركائز عقيدته وعروبته.

١-١٢.إلمامه بتراث أمته الفكري والأدبي في العصور المختلفة.

١-١٣. تنمية القيم والاتجاهات الإيجابية نحو عقيدته، وتراثه الحضاري ووطنه اليمني، وأمته العربية والإسلامية.

١-١٤. تشكيل شخصيته جسمياً، وعقلياً، ووجدانياً وثقافياً واجتماعياً وبما يمكنه من مواصلة تعليمه أو إعداده للحياة العامة.

٢- الأهداف العامة للقـراءة والتعبـير للمرحلة الثانوية[1] :

يتوقع بعد تدريس القراءة والتعبير في المرحلة الثانوية أن تحقق الأهداف الآتية:

٢-١.تعميق اعتزاز الطالب بعقيدته، ولغته، ووطنـه، وترسيخ القـيم السـامية لديـه وتوجيهـه إلى التفاعل الواعي مع قضايا ومشكلات مجتمعه وأمته العربية والإسلامية.

٢-٢. تنمية قدراته على القراءة الجهرية والصامتة في سرعة مناسبة.

٢-٣. زيادة ثروته اللغوية من المفردات والتراكيب الجديدة، وتمكينـه مـن اسـتخدامها بمـا ينـاسـب خبراته.

٢-٤. تنمية قدراته على الفهم الدقيق والشامل لما يقرؤه من نصوص.

٢-٥. تنمية قدراته على التفاعل مع ما يقرؤه تفاعلاً يدفعه إلى تحليله، وتذوقه، ونقده.

٢-٦. تعزيز ميله إلى القراءة وشغفه بها، بحيث يدفعه ذلك إلى التعلم الذاتي عن طريق البحـث والاطلاع في مجالات المعرفة المختلفة.

٢-٧. تنمية قدرته على التعبير عن حاجاته ومشاعره ومشـاهداته تعبـيراً شـفوياً وكتابيـاً ووظيفيـاً وإبداعياً.

٢-٨. تنمية قدرته على استخدام أساليب الحوار الهادئ والمناقشات الهادفة.

---

[1] - وثيقة منهاج اللغة العربية لمرحلة التعليم الثانوي في اليمن: وزارة التربية والتعليم، ص ٢٢- ٢٩.

٣ . الأهداف العامة للأدب والنصوص والعروض والبلاغة للمرحلة الثانوية[١]:

يتوقع بعد تدريس الأدب والنصوص والعروض والبلاغة في المرحلة الثانوية أن تحقق الأهداف الآتية:

٣-١.توثيق صلة الطالب بالتراث الأدبي العربي الإسلامي في عصوره المختلفة واتجاهاته المتنوعة.

٣-٢. تنمية القيم والاتجاهات الإيجابية لدى الطالب نحو عقيدته الإسلامية ولغته العربية وتراثه الفكري والأدبي.

٣-٣. تعزيز روح الانتماء إلى الأمة العربية والإسلامية والإيمان بوحدتها.

٣-٤. تنمية مهاراته الأدبية المناسبة للمقرر بما يناسب المعنى.

٣-٥.تنمية قدرته على حفظ النصوص (قرآنية - شعرية - نثرية) والإفادة منها في المواقف المختلفة.

٣-٦. تنمية الثروة اللغوية لديه بما يمكنه من توظيفها توظيفاً سليماً.

٣-٧.تعرفه على الأساليب البلاغية والمصطلحات العروضية والأوزان الشعرية لمختلف البحور.

٣-٨. تنمية ذوقه الأدبي وحسه النقدي من خلال فهم النصوص وتحليلها والكشف عن مواطن الجمال فيها.

١- وثيقة منهاج اللغة العربية لمرحلة التعليم الثانوي في اليمن: وزارة التربية والتعليم ، مرجع سابق، ص ٤٦- ٥١.

٤- الأهداف العامة للنحو والصرف للمرحلة الثانوية [1]:

يتوقع بعد تدريس النحو والصرف في المرحلة الثانوية أن تحقق الأهداف الآتية:

١- زيادة معرفة الطالب بالمفهومات والمصطلحات النحوية، والصرفية الجديدة المقررة عليه.

٢- استخدام القواعد النحوية والصرفية استخداماً سليماً في كل ما يقرأ ويكتب ويتحدث.

٣- تنمية ميوله نحو استخدام القواعد النحوية والصرفية في كل ما يقرأ ويكتب ويتحدث.

أسس اختيار الموضوعات وتنظيمها [2]:

تضم موضوعات اللغة العربية للمرحلة الثانوية طائفة متنوعة من المعلومات، والمعارف والقيم والاتجاهات والمهارات، والمفهومات، والقواعد، وغيرها من الخبرات التعليمية اللازمة لتحقيق الأهداف المسطرة.

وفيما يلي أهم الأسس:

١٠-١. مراعاة عملية ارتباط الموضوعات بأهداف تعليم اللغة العربية للمرحلة الثانوية

١٠-٢. تحديد مجالات الموضوعات حسب كل فرع من فروع اللغة العربية بما يعكس مضمون الأهداف.

[1] - وثيقة منهاج اللغة العربية لمرحلة التعليم الثانوي في اليمن: وزارة التربية والتعليم، المرجع نفسه، ص ٧٣- ٧٨.
[2] - دليل المعلم إلى تدريس اللغة العربية للصف الثاني الثانوي: مجموعة من المؤلفين وزارة التربية والتعليم، مرجع سابق، ص ١٩، ٢٠.

١٠-٣. صدق الموضوعات من حيث الصحة العلمية، والأصالة، والواقعية، والانسجام مع الأهداف العامة والتربوية.

١٠-٤. تركيز الموضوعات على القضايا والمشكلات التي ترتبط وتهم المجتمع في جميع المجالات.

١٠-٥. مراعاتها للخصائص النفسية للمتعلمين ومستوى نضجهم العقلي، واللغوي والاجتماعي، والانفعالي، وتلبية حاجاتهم واهتماماتهم الجانبية، مع الأخذ بعين الاعتبار الفروق الفردية بين المتعلمين.

١٠-٦. مراعاة التوازن في جوانبها في المجالات المعرفية، والفروع اللغوية، ومهاراتها، بما يحقق التوازن بين الجوانب الكيفية والكمية، والعملية والنظرية وحجم الموضوعات، وزمن تنفيذها وتدريسها.

أما من الناحية التنظيمية، فقد تم اعتماد صيغة تنظيمية توليفية لعرض ترتيب للموضوعات التي تم اختيارها، وتقديمها بأسلوب يجمع المدخل التكاملي بفروع اللغة وفنونها، ومدخل الفروع اللغوية، حيث قسمت المادة إلى ثلاثة فروع، لكل فرع كتاب مستقل على النحو الآتي:

١- القراءة، وتضم التعبير.

٢- الأدب، والنصوص، والبلاغة.

٣- النحو والصرف.

وقد روعي التكامل والترابط بين موضوعات الكتب بقدر الإمكان من حيث التركيز والتأكيد على تنمية المهارات اللغوية لدى الطلاب في المرحلة الثانوية، وكذا الأخذ بمبدأ (الاستمرارية والتتابع) أي الاستمرار في تكرار التدريس لبعض المفاهيم والقواعد والمهارات اللغوية التي سبق تناولها من قبل، واستمرار التدريب

على ممارستها بصورة أكثر عمقاً واتساعاً في تعلمها عن ذي قبل في المراحل الأولى.

أما مسألة التتابع، فتتمثل في تتابع الخبرات والمهارات اللغوية، والتأكيد على عملية التسلسل والتدرج، وهذا يتفق مع ما جاء في مقدمة ابن خلدون حول أهمية التكرار والتدرج أثناء القيام بعملية تعليم الطلاب، بهدف التسهيل وتثبيت المعلومات لدى المتعلمين.

رابعاً - الطرائق والوسائل التعليمية [1]:

تحتاج عملية تدريس اللغة العربية إلى طرائق ووسائل تعليمية تسعى بشكل تكاملي إلى تنفيذ الدروس وترجمة موضوعات المحتوى بغية تحقيق الأهداف المسطرة سلفاً والمراد بلوغها بدرجة عالية بفاعلية وسهولة.

وعلى معلم اللغة العربية استخدام عدد من الطرائق والوسائل التعليمية حسب متطلبات الموقف التعليمي، فهو المتحكم في عملية الاختيار وتحديد الأنسب ، فلا توجد طرائق مثلى. فتعليم اللغة العربية عموماً يعتمد على الانتقاء، أي اختيار ما يبدو أنه الأفضل من مختلف الطرائق، لأن الاعتماد على طريقة واحدة بعينها أمر غير مجدٍ في تعليم اللغة العربية والاختيار يرتبط إلى حد كبير بالمعلم ومهنيته، فهو الذي يحدد طريقة أو أكثر بحسب ما يقتضيه الموقف التعليمي وظروفه وحاجته. فالمعلم هو الذي يقوم بتكييف الطرائق لتكون مناسبة للموقف التعليمي وشروطه، وصولاً إلى الهدف المراد تحقيقه.

---

[1] - دليل المعلم لتدريس كتب اللغة العربية للمرحلة الثانوية للصف الثاني الثانوي: مجموعة من المؤلفين، وزارة التربية والتعليم،ص٢٣- ٢٧.

وهناك عوامل عدة تحكم وتضبط المعلم وتساعده في استخدام واختيار الطرائق المناسبة لعملية التدريس، ومن أبرز ذلك ما يلي:

١- ارتباط الطريقة بالهدف التعليمي ومناسبتها للمحتوى.

٢- مراعاة مستوى الطلاب واستثارة دافعيتهم لتعلم اللغة العربية.

٣- مراعاة الاقتصاد في الوقت والجهد.

ومن الطرائق التي أثبتت فاعليتها في تدريس فروع اللغة العربية هي:

١- طريقة الإلقاء:

تقوم هذه الطريقة،على الإلقاء من قبل المعلم باعتباره المصدر أو المرسل للمعلومات، والطلاب متلقون، فهي تعتمد على تدفق المعلومات من المعلم إلى الطلاب، أي أنها عرض شفهي للمعلومات من طرف المعلم، أما دور الطالب فمستمع لما يصدر من المعلم، فهو في هذه الحالة يمثل الجانب السلبي والمعلم الجانب الإيجابي.

٢- طريقة المناقشة والحوار:

تقوم هذه الطريقة على الحوار الشفهي بين المعلم والطلاب، بحيث تشرك الطلاب إشراكاً إيجابياً في عملية التدريس، وفيها يتم تحديد موضوع الدرس وأفكاره، وبالتالي إعداد مجموعة من الأسئلة المتنوعة التي تحتاج إلى أجوبة، ومن ثم التوصل إلى معلومات كافية حول الموضوع المحدد سلفاً.

٣- الطريقة القياسية:

تعتمد هذه الطريقة على البدء من الكل إلى الجزء أو من العام إلى الخاص، فالمعلم هو الـذي يقوم بتقديم القاعدة أو المفهوم الذي يمكن القياس عليه، وبالتالي تقديم نمـاذج وأمثلـة لتنفيذ ذلك، وتطبيق تلك القاعدة أو ذلك المفهوم.

٤- الطريقة الاستقرائية:

تعتمد هذه الطريقة علـى مسألة الاستنتاج أو الاستنباط، بحيـث تبـدأ بالحقائق والشـواهد الجزئية وتنتهي بالحقائق العلمية.

٥- طريقة حل المشكلات:

تعُد هذه الطريقة من الطرائق الحديثة في التعليم، فهـي تقـوم بالأسـاس علـى وجود مشكل يحتاج إلى حل من قبل المتعلمين، على أن يكون لديهم هدف واضح يسـعون إلى تحقيقه، مـع وجود عائق ما يعرقل تحقيق ذلك الهدف. لذا يتطلب تقديم الموضوع بصورة مشكلة ويتوجب على المتعلمين التوصل إلى حلول لذلك.

وهنا يظهـر دور المعلـم في مسـاعدة الطلاب، بتحديـد المشكلة وتوجيههم إلى جمـع البيانات والمعلومات اللازمة لذلك، ثم مساعدتهم علـى افتراض الحلـول الممكنة، واختبار صحة هـذه الحلول المقترحة، وبالتالي تقديم الحل الذي يتم التوصل إليه.

٦- طريقة الاكتشاف الموجه:

تقوم هذه الطريقة على إيجابية المتعلم ومشاركته في التعليم والتعلم، فالمتعلم هو الـذي يقوم بعملية الاكتشاف والبحـث عـن المعرفة بنفسه، أمـا دور المعلم فيقتصرـ علـى التشجيع والتوجيـه والمساعدة للمتعلمين، وتعد هذه الطريقة من الطرائق الحديثة في التدريس.

إن اختيار المعلم للطريقة المناسبة للتدريس أمر ذو أهمية في مسار الأداء التعليمي والوصول إلى تحقيق الهدف المرجو، ويعكس سلامة الاختيار ووعي المعلم لمهنته، وقدرته المهنية التي اكتسبها أثناء تكوينه.

وتجدر الإشارة إلى أن هناك ترابطا بين اختيار الطرائق والوسائل التعليمية المناسبة للموقف التعليمي، فالعلاقة بينهما تفاعلية وتكاملية، فهما يتفاعلان مع الأهداف والمحتوى للدرس، بغية تحقيق الأهداف الخاصة به.

وقد أثبتت البحوث أهمية الوسائل التعليمية في عملية التدريس لما تثيره من الحواس لدى المتعلمين، وتتمثل الوسائل التعليمية التي يمكن أن يستخدمها المعلم إلى جانب السبورة في الآتي:

الصور، اللوحات، الخرائط، النماذج، العينات، الشرائح، الشفافيات، الأفلام المرئية، التسجيلات الصوتية وأقراص الكمبيوتر، وغيرها من الوسائل التعليمية بما يتطلبه الموقف التعليمي والحاجة.

تتمثل أهمية الوسائل التعليمية في الآتي:

أ – إثارة الدافعية لدى المتعلمين.

ب- توضيح بعض المفاهيم والمصطلحات المجردة.

ج – استحضار حوادث الماضي، كالمناظرات.

د – مراعاة الفروق الفردية بين المتعلمين.

هـ- تنمية دقة الملاحظة لدى الطلاب.

ونظراً لأهمية الوسائل التعليمية في مجرى عملية تعليم اللغة العربية فإن عملية اختيارها محكومة بشروط أهمها:

١- ارتباط الوسيلة بالأهداف والموضوعات (المحتوى).

٢- مناسبة الوسيلة لمستوى تفكير وإدراك الطلاب.

٣- التوافق مع الطرائق المستخدمة.

٤- أن تتوافر فيها البساطة والجودة وإمكانية الاستخدام .

٥- أن تحتوي على معلومات مناسبة ودقيقة وصحيحة علمياً.

٦- فحص الوسيلة قبل الاستخدام، وكذلك اختيار الوقت المناسب لعرضها.

من خلال العرض السابق للأهداف العامة لتعليم اللغة العربية في المرحلة الثانوية في الجمهورية اليمنية، والموضوعات المختارة لتحقيق تلك الأهداف، وطرائق تدريسها ووسائل تعليمها، بالإضافة إلى استعراض الأهداف الخاصة بالقراءة والتعبير، والأدب والنصوص والبلاغة والعروض والنحو والصرف على مستوى الصفوف الثلاثة للمرحلة الثانوية.

وانطلاقا من كل ما سبق يمكن اشتقاق أهم الكفايات التكوينية اللازمة لمعلمي اللغة العربية في المرحلة الثانوية، والتي يجب أن يتمكنوا منها لممارسة أدائهم التدريسي ـ بصورة فاعلة، بغية تحقيق الأهداف السابقة المسطرة، وامتلاك الفعالية والقدرة من أجل ترجمة تلك المقررات أو الموضوعات المختارة في كتب المرحلة الثانوية، وذلك من خلال استخدام الاستراتيجيات والأساليب التي ترقى إلى مستوى التحول والتطور في عملية تدريس اللغة العربية.

خامساً - الكفايات التي يمكن اشتقاقها من الأهداف والموضوعات المستعرضة

١- القدرة على التمييز بين الأهداف العامة والخاصة لتعليم اللغة العربية.

٢- التمكن من تنويع الأهداف حسب المجالات المعرفية والوجدانية والمهارية.

٣- القدرة على صياغة الأهداف الخاصة بالدرس صياغة سلوكية قابلة للقياس.

٤- امتلاك مهارات اشتقاق الأهداف السلوكية من الأهداف العامة لمادة اللغة العربية.

٥- إدراك خصائص كل فرع من فروع مادة اللغة العربية.

٦- القدرة على الربط بين فروع اللغة العربية.

٧- التمكن من قواعد اللغة العربية.

٨- اختيار الوسيلة المناسبة لموضوع الدرس.

٩- استخدام الوسيلة التعليمية في الوقت المناسب.

١٠- وضع الوسيلة التعليمية في المكان المناسب.

١١- القدرة على ربط الوسيلة التعليمية بأهداف الدرس ومحتواه.

١٢- اختيار موضوعات الدرس في ضوء أهدافه.

١٣- التمكن من تنويع موضوعات الدرس وفق حاجات الطلاب وميولهم .

١٤- استخدام اللغة العربية الفصحى خلال أداء الدرس.

١٥- الإلمام بأساليب تدريس اللغة العربية.

١٦- استخدام أكثر من طريقة أثناء الشرح حسب مقتضيات الموقف التعليمي.

١٧- مراعاة الفروق الفردية بين الطلاب.

١٨- الانضباط في العمل التعليمي وحبه.

١٩- استخدام أساليب التشجيع والتحفيز.

٢٠- إثارة دافعية الطلاب نحو درس اللغة العربية.

٢١- القدرة على القراءة السليمة.

٢٢- امتلاك مهارات التعبير.

٢٣- تنمية الثروة اللغوية لدى الطلاب.

٢٤- القدرة على استخلاص أهم الأفكار من الدرس.

٢٥- استنباط القاعدة النحوية من خلال أمثلة الدرس.

٢٦- إشراك الطلاب في الحوار والنقاش أثناء تأدية الدرس.

٢٧- معرفة قواعد البلاغة.

٢٨- الإلمام بأوزان الشعر العربي وتفعيلاته.

٢٩- تنمية ملكة النقد الصحيح لدى الطلاب.

٣٠- إجادة ربط الدرس بالواقع.

٣١- استنتاج الخصائص البلاغية من النص الأدبي.

٣٢- امتلاك مهارات تذوق مظاهر الجمال في الأساليب الأدبية.

٣٣- القدرة على تحليل النصوص ونقدها.

٣٤-	تنمية المفردات اللغوية لدى الطلاب.

٣٥-	التمكن من عرض الدرس بصورة متسلسلة ومنطقية.

٣٦-	القدرة على توظيف التدريبات لتثبيت المعلومات.

٣٧-	القدرة على تلخيص الدرس بصورة مركزة.

٣٨-	التمكن من المادة التعليمية للدرس.

الفصل الخامس

الكفايات التكوينية

يتناول هذا الفصل مفهوم الكفاية باعتبارها من المفاهيم القديمة الحديثة في الميدان البيداغوجي التكويني، والتي تسهم في تمكين المعلم من أداء عمله بصورة جيدة تتناغم مع المتطلبات الجديدة لتكوين المعلم على أساس التربية القائمة على الكفايات، وكما يتناول طرق تحسين الكفاية ومصادر اشتقاقها، بالإضافة إلى تقديم عرض لأنواعها، ومن ثم شرح تربية المعلمين المبني على الكفايات بوصفها اتجاهاً جديداً يسعى إلى تزويد المعلمين بالقدرات والمهارات وتمهين التعليم، بهدف الارتقاء بمهنة التدريس إلى مستوى تحديات العولمة والرهانات المستقبلية، إضافة إلى تحقيق الجودة الشاملة للناتج التعليمي وبقية الإجراءات والعمليات، فمعظم التربويين يتفقون على أهمية الكفايات للمعلم، لكي يقوم بأداء المهام الرئيسة المنوطة به، باعتباره منظماً وميسراً لعمليتي التعليم والتعلم، فيجدر به أن يتمكن ويمتلك ويتقن مجموعة من الكفايات الأدائية التي تجعل منه قادراً على تحمل مسؤوليته بجدارة[1]، لذلك فالسؤال المنطقي الذي يطرحه التربويون بشكل مستمر هو: ما المقصود بالكفاية ؟.

---

[1]- بناء مقياس لتقويم كفايات المعلم الأدائية، سلسلة دراسات وأبحاث تربوية: مجموعة من الباحثين، ص٨ .

أ - مفهوم الكفايات:

إن مفهوم الكفاية من المفاهيم التي دارت حولها كثير من النقاشات والآراء، فقد مثلت إشكالية أمام الدارسين والباحثين في تحديد هذا المفهوم حتى يصبح ذا مدلول واضح يسهل التعامل معه وإدراكه، وكل تلك النقاشات هدفت في مجملها الوصول إلى تعريف دلالي للمصطلح[1].

١- المفهوم اللغوي:

ورد في لسان العرب لابن منظور ما يلي:

(**كفأ** : كافأه على الشيء مكافأةً وكفاءً، وقول حسان بن ثابت: وروح القُدس ليس له كفاءُ، أي جبريل عليه السلام ليس له نظير ولا مثيل، **والكفيء**: النظير وكذلك الكفء والكفوء، على فَعْل وفَعُول والمصدر الكفاءة بالفتح والمد. **والكفء** : النظير والمساوي ومنه الكفاءة قال أبو زيد: سمعت امرأة من عقيل وزوجها يقرآن: " لم يلد ولم يُولد ولم يكن له كفئًا أحد" ومعناه لم يكن أحد مثلاً لله تعالى ويقال : فلان كفئُ فلان وكفوء فلان)[2].

٢- المفهوم الاصطلاحي:

إن الكفاية من الناحية الاصطلاحية تعني القدرة على ممارسة عمل ما أو مجموعة من الأعمال نتيجة لتحقق بعض العناصر في المعلم.

في حين يرى R) صلى الله عليه وسلم (nauld إن الكفاية: (قدرة مكتسبة بفضل ما تمثله من معرفة، وخبرة تستخدم للإحاطة وحل المشاكل الخاصة...)[3].

---

[1]- الكفايات التخصصية، سلسلة دراسات وأبحاث تربوية:مجموعة من الباحثين، ص١٤.

[2]- لسان العرب: ابن منظور، دار صادر، بيروت ج٥، ط (١)، ص ٤١٣ .

[3] - Dictionnaire actuel de l'éducation : Renauld Legedre, Ibid, p 109.

فالكفاية هي تلك المقدرة المتكاملة: والمقدرة ما يمكن للفرد أن يؤديه في اللحظة الحاضرة سواء أكانت عقلية أم حركية[1].

وفي ضوء ما سبق فإن الكفاية تعني: القدرة على تحقيق الأهداف المسطرة واستخلاص النتائج المطلوبة بدرجة عالية من الجودة مع ضمان قلة التكاليف؛ أي أن الكفاية تقيس الجانب الكمي والكيفي معاً في مجال التعليم.

كما عرفتها (سهيلة) إجرائياً بأنها: (قدرات نعبر عنها بعبارات سلوكية تشمل مجموعة مهام – معرفية، مهارية، وجدانية – تكون الأداء النهائي المتوقع إنجازه بمستوى معين مرضي من ناحية الفاعلية التي يمكن ملاحظتها وتقويمها بوسائل الملاحظة المختلفة)[2].

ويعرفها توفيق مرعي بأنها: (القدرة على عمل شيء معين بمستوى معين من الأداء)[3].

ويذكر (الطوبجي) بأن الكفاية تعني: المهارة لأداء عمل معين. أما بريتيل (Pritt صلى الله عليه وسلم l) فتعني الكفاية عنده مستوى معيناً من أداء الفرد للقيام بوظيفة ما في المجتمع الذي يعيش فيه، وهي تختلف من مجتمع إلى آخر[4].

ويعرفها بوريش(Porich) بأنها: (المهارة أو السلوك أو الأداء الذي يتوقع أن يظهره الفرد عند إكماله لعملية التدريب)[5].

أما (أنيس طائع) فيرى أن الكفاية هي : كل متكامل من المعارف والقدرات والمهارات والاتجاهات التي تمكن المعلم من إنجاز المهام المتصلة بالتدريس[1].

---

[1] كفايات التدريس: سهيلة محسن الفتلاوي، ص ٢٨.
[2] كفايات التدريس: سهيلة محسن الفتلاوي، مرجع سابق، ص٢٩.
[3] شرح الكفايات التعليمية: توفيق مرعي ، ص٢٥ .
[4] برنامج تدريبي مقترح لتنمية الكفايات: عبد الرحمن الصغير، المرجع نفسه، ص ٨٩،٩٠.
[5] الكفاية التخصصية، سلسلة دراسات وأبحاث تربوية: مجموعة من الباحثين، مرجع سابق، ص١٥.

ويرى (هول) و(جونز) بأن الكفاية: مهارة مركبة، أو أنماط سلوكية، أو معارف تظهر في سلوك المعلم[٢].

ويعرفها (جونسون) وآخرون (Johnson and oth صلى الله عليه وسلم rs) بأنها: مجموعة الاتجاهات والمهارات والمعارف التي تظهر لدى المعلم في الموقف التعليمي[٣].

وتعرف الكفاية بأنها: (كفاءة قانونية أو مهنية مطلوبة لتحمل مهام ما أو التكلف بعمل ما) [٤].

ويعرفها (أحمد اللقاني) بأنها: (الحد الأدنى من المهارات التي يجب أن يكتسبها المعلم نتيجة مروره ببرنامج معين)[٥].

وعرفها عمر خليل بأنها: (المهارات الرئيسة التي يجب أن تمارس بإتقان للتدريس لضمان النتائج المطلوبة)[٦].

فالكفاية هي القدرة على إحداث نتائج إيجابية متوقعة، وتتألف من معرفة وسلوك وقدرة على توظيف المعرفة، [٧] ومما تصدى إليه الكفايات (التعريف بالممارسات المنهجية الجديدة، ويبدو أن هذا المصطلح يحمل مجموعة من الدلالات ومختلف التوظيفات، ففي المعجم المتداول يعني امتلاك الكفاءة والحصول على معرفة أو مهارة بجودة معروفة في مجال محدد، وتشمل الكفاية كذلك ما يُمكن الفرد أن يحققه)[٨].

[١]- بناء مقياس لتقويم كفايات المعلم الأدائية، سلسلة دراسات وأبحاث تربوية:مجموعة من الباحثين، مرجع سابق، ص٩ .

[٢]- برنامج تدريبي لتنمية الكفايات: عبد الرحمن الصغير، مرجع سابق، ص ٩١.

[٣]- برنامج تدريبي لتنمية الكفايات: عبد الرحمن الصغير، المرجع نفسه، ص ٩١.

[4]- Dictionnaire de la langue : Pédagogique : Paul Foulquié, 1971, p 86.

[٥]- إعداد المعلم تنميته وتدريبه: مصطفى عبد السميع ، وسهير محمد حواله، مرجع سابق ، ص ١٥٩، ١٦٠.

[٦]- إعداد المعلم تنميته وتدريبه: مصطفى عبد السميع ، وسهير محمد حواله، المرجع نفسه ، ص ١٥٩، ١٦٠.

[٧]- المعلم الفاعل والتدريس الفعال: محمد عبد الرحيم عدس، ص٥٠.

[8] - Vocabulaire de l'éducation : Gaston Mailart, p 108,109.

أما الكفـاية عند (**شومسكي**) فتعني: نسقا مكونا من القواعد النحوية وإمكانية لتكوين عدد غـير محدود من الجمل الجديدة التي لم تسـمع مـن قبـل[١]. كـما أن الكفايـة تمكـن مـن التكيـف، ومـن حـل المشاكل وإنجاز المشاريع المستقبلية، بالإضافة إلى أنها تعبير عن القدرة على الإنتاج، والقـدرة عـلى إنتـاج عدد لا محدد من الإنجازات.

وتعرف الكفاية اللغـوية بأنها: إمكانية لإبداع عدد غير محدد من الجمل الصحيحة غير المتوقعـة والابتعاد عن الجمل الجاهزة.[٢]

من خلال تعريف الكفاية التي أوردنها،نلاحظ الآتي:

١) الكفاية هي أكثر من مجرد القيام بسلوك ما.
٢) تركز على امتلاك المعلم للمعارف والمهارات والاتجاهات التـي تمكنـه مـن تحديـد النشـاط وكيفيـة الأداء الفاعل لديه.
٣) ربطت التعريفات بين الكفايات ونتائج التعلم لدى المتعلمين.
٤) محاولة الربط بينها وبين الأهداف السلوكية في مجـال المعـارف والمهـارات والاتجاهـات وصـولاً إلى امتلاك الفرد للكفاية.
٥) حاولت الربط بين الجوانب المعرفية والحركية والانفعالية لتكون الكفاية بمثابة القدرة المركبة.
٦) ربطت بين الكفاية وأداء المهام التعليمية سواء داخل الفصل أو خارجه[٣].
٧) الربط بين الكفاية والمهارات والمعارف والاتجاهات .
٨) الربط بين الكفاية والمعارف والاتجاهات والقدرة على الأداء المتوقع.[٤]

---

[١]- استراتيجيات الكفايات:عبد الكريم غريب، ص ٥٩.
[٢]- استراتيجيات الكفايات :عبد الكريم غريب، المرجع نفسه، ص٦٣.
[٣]- برنامج تدريبي مقترح لتنمية الكفايات: عبد الرحمن الصغير، مرجع سابق، ص ٩١، ٩٢.
[٤]- إعداد المعلم وتدريبه: مصطفى عبد السميع، سهير حواله: مرجع سابق، ص ١٦٠.

٩) تدور الكفاية حول قدرة المدرس (العربي) على أداء عمله بشكل فعال ، بهدف تحقيق الأهداف المرجوة لدى المتعلمين، (حسب وجهة نظر معظم التربويين).

١٠) تتطلب الكفاية - كما يرى الباحث - وجود عاملين هما عامل المعرفة وعامل السلوك .

١١) الكفاية دلالة على امتلاك الطاقة والقدرة على أداء عمل ما بصورة ملائمة.[١]

١٢) الكفاية تنسب لافراد اهلوا رسمياً، بحيث تتوفر لديهم سمات معينة من أهمها اكتساب القدرة والمهارة.

ب- خصائص الكفاية[٢] :

وتتصف الكفاية بأنها:

١. أداة تسمح بالتحكم في النشاط الحالي واستباق الظهور.

٢. إجرائية ومكتسبة ومتعلمة بواسطة تكوين أو ممارسة.

٣. كلية مركبة وغائية، أي ذلك النشاط الذي يجعل الفرد يحشد كل الموارد المتنوعة.

٤. منظمة وملائمة للفصل وشديدة التنوع.

٥. مفهوم افتراضي مجرد، لا يمكن ملاحظة الكفاية إلا من خلال نتائجها.[٣]

٦. محطة نهائية لمرحلة أو لتكوين.

---

[١]- الكفايات التربوية اللازمة لمعلم التعليم الأساسي: رشدي أحمد طعيمة، ص ١٦٥.

[٢]- تكوين المدرسين: الحسن مادي، ص٣٨.

[٣]- الكفايات في التعليم: محمد الدريج، ص ٤٩-٦١.

٧. شاملة ومدمجة، أي تشمل المعارف الخاصة والذاتية من التجربة الشخصية.

٨. خاصة الصلة بين فصيلة من الوضعيات.

٩. خاصة هيمنة التخصص (المادة) مع إمكانية توظيفها في مواقف أخرى مشابهة.

١٠. أشمل من الأداء والقدرة.

١١. لا تتجسد إلا من خلال الفعل نظراً لارتباطه به.

١٢. ترتبط بالسياق الذي تمارس فيه.[١]

ج - علاقة الكفايات بالأهداف:

تعد العلاقة بين الأهداف والكفايات بصفة عامة علاقة ترابط وتكامل، فكلها تصب في تحقيق الفائدة لدى المتعلم كهدف أساسي لكل الجهود التربوية والتعليمية بمجمل مدخلاتها وعناصرها. ويمكن القول: إن مقاربة الأهداف متجاوزة تربوياً ومدخل الكفايات مقاربة جديدة وبديلة. وقد أبرز أحد الباحثين خصائص ومرتكزات كل من الكفايات والأهداف السلوكية، أهم ما جاء منها موضح في التالي رقم(٣).[٢]

١- الكفايات مقاربة جديدة في تناول المناهج وخطط التدريس: عبد اللطيف الفارابي، نقلا عن الباحثة ساندرا ميشيل، ص٤٩.

٢- مقارنة بين بيداغوجية الأهداف والكفايات:محمد عليلوش، م٣، ع٢٦، ص ٥٩.

الأهــداف	الكـفـايـات
- تنطلق من هدف معين يتم تقطيعه وتجزيئه إلى أهداف إجرائية لتحقيق الهدف العام	- لا تنفي ضرورة تحديد الأهداف.
- كل الأهداف قابلة للقياس والملاحظة.	
	- تعطي معنى أهم وأشمل للتعلم مقارنة مع المقاربة بالأهداف.
- تهتم بجانب فقط من التصرف أي السلوك وتجهل الجانب الوجداني.	- تنطلق من وضعيات محددة لتحقيق هدفها وتعطيه دلالة.
- هندسة المدرسة للأهداف التعليمية على شكل سلوكيات بعيداً عن اهتمامات المعلم.	- تهتم بالتصرف،أي مجموع مكونات شخصية الفرد.
- اختيار العدة البيداغوجية وفق ما يراه المدرس مناسباً لتحقيق الأهداف دون مراعاة شخصية المتعلم .	- تعتبر المتعلم محوراً فاعلاً ويبني المعرفة ذاتياً وبالتالي ضرورة تركيز كل الأنشطة عليه.
	- اعتبار المدرس مسهلاً لعمليات التعلم الذاتي.
- إشراف المدرس على توظيف هذه العدة مما يجعله الفاعل الأساسي عوض المتعلم	- توفير جميع شروط التعلم الذاتي يفتح مجالا لتفاعل المتعلم مع محيطه تفاعلاً إيجابياً.
- بناء إجراءات قبلية لدعم نتائج التقويم.	- تمكين المتعلم من كل الشروط والوسائط للتفاعل البناء في ممارسة تعلمه الذاتي،وبالتالي فهو العنصر الأساسي والفاعل الأول الذي يجب أن يرتكز عليه فعل التعلم.
- كل العوامل السابقة تجعل المتعلم عنصراً سلبياً.	
	- تمتاز الكفايات بخاصية الشمولية والاندماج الكلي.
- كل تعليم مبرمج بناء على خطة من اختيار المدرس ولم يكن المتعلم شريكاً فيها.	

د - أبعاد الكفاية :

تستند الكفاية - بشكل عام - إلى الأبعاد الأساسية التالية[1]:

- الانجاز / الفعل: ترتبط الكفاية بالإنجاز، فلا وجود لها بمعزل عن انجاز يؤدي الفرد في مجال محدد.

- الإمكانيات / الموارد: وتكون على شكل معارف يمتلكها الفرد، أو خبرات طورها أو إنجازات يتميز بها، بحيث تؤهله للتحكم في الكفاية.

- المجال المعرفي: ترتبط الأفعال التي يقوم بها الفرد، والموارد التي يتوفر عليها في مجال معرفي ومعين.

- المرونة في العمل: ويتمثل هذا البعد في قدرة الفرد على التعامل مع المواقف الطارئة والصعوبات التي قد تعترضه أثناء العمل، مما يتطلب توفر المرونة سواء عند نقل المعارف والتجارب أو أثناء استثمارات الطاقات والموارد المتوفرة، أو أثناء السعي إلى تحسين جودة الانجازات.

وإذا دققنا النظر في ما سبق نجد أن مايدل على الكفاية هو قدرة الفرد على نقل ما تعلمه أو ماكتسبه لمعالجة أو لحل المشكلات أوالصعوبات المرتبطة بالوضعيات المختلفة.

[1] - تدبير جودة التعليم : محمد أمزيان، ص ٤٩.

وفي الوقت نفسه يمكن ملاحظة أبعاد الكفاية من خلال ما ساقته سهيلة الفتلاوي، على النحو الآتي:[1]

١- البعد الأخلاقي:

يمثل هذا البعد جانباً مهماً من شخصية المعلم المتأمل والممارس. وأبرز صفات هذا البعد ما يلي:

١-١. المرونة والشجاعة والصبر والمثابرة.

١-٢. امتلاك أخلاقيات مهنية عالية.

١-٣. البراعة والدهاء العلمي، والتزام الهدوء داخل الصف وتجنب الانفعال.

١-٤. الجدية والحماس في عملية التدريس.

١-٥. اعتماد مبدأ العدالة والاحترام والمساواة بين الطلاب كسلوك يتبع في عملية التدريس.

١-٦. الاستماع والاستجابة بصورة جيدة للطلاب.

١-٧. الشعور بالراحة والاطمئنان أثناء عرض الدرس.

١-٨. التخاطب مع الطلاب بأساليب تربوية نفسية تساعد على زيادة دافعيتهم للتعليم والتعلم.

---

[1]- كفاية التدريس : سهيلة محسن الفتلاوي، مرجع سابق، ص ٣٧، ٣٨.

٢- البعد الأكاديمي أو العلمي[١]:

لممارسة عملية التدريس بفاعلية ومقدرة عالية، ينبغي أن تتوافر في المعلم الكفايات الأكاديمية، ومنها:

٢-١. الإلمام بمادة التخصص وامتلاك مهارات عملية.

٢-٢. استخدام خطوات البحث العلمي في عملية التدريس.

٢-٣. إتباع أسلوب التدرج في التدريس وتوضيح أوجه الترابط بين عناصر الدرس الرئيسة.

٢-٤.ربط موضوع الدرس بمشكلات الحياة وإشراك الطلاب أثناء الدرس.

٢-٥. إتقان الحقائق والمفاهيم والتعميمات الخاصة للمادة .

٢-٦. اختيار التمرينات المناسبة لموضوع الدرس.

٢-٧. الإلمام بالأهداف التربوية والتعليمية للمادة الدراسية.

٢-٨. استخلاص الاستنتاجات من الطلاب، ومساعدتهم في التغلب على الصعوبات.

٢-٩. الاطلاع على كل جديد في المجال التربوي التخصصي.

٢-١٠. الإلمام بالمصادر والمراجع الأساسية في مجال التخصص.

---

[١]- كفاية التدريس : سهيلة محسن الفتلاوي، مرجع سابق، ص ٣٨،٣٩ .

٣- البـعـد التـربـوي [1]:

٣-١. كفايات التخطيط:

وهي مرحلة تمثل الاختيار والتحديد والتحضير للجوانب الآتية:

- تحليل محتوى المادة الدراسية.

- تحليل الخصائص المشتركة للطلاب لمختلف مستويات النمو.

- التصور المسبق للموقف والإجراءات التدريسية.

- صياغة الأهداف للمادة الدراسية.

- تحديد الطرائق التدريسية المراد استخدامها أثناء عرض الدرس.

- تحديد الإستراتيجية اللازمة لعملية التدريس.

- تحديد التقنيات التعليمية اللازم استخدامها أثناء عرض الدرس.

٣-٢. كفايات تنفيذ الدرس [2]:

وتعد هذه المرحلة أساسية للتدريس، وتتركز في الجوانب الآتية:

- تنظيم وترتيب بيئة الفصل باتباع عدد من الخطوات والإجراءات.

- التمهيد للدرس وتهيئة الدارسين ذهنياً وجسمياً وانفعالياً لتلقي الدرس.

- إثارة اهتمام الطلاب نحو الدرس، بهدف جذب انتباههم.

- تنويع الحافز: أي التغيير أثناء عرض الدرس للأنماط السلوكية للمعلم.

- تحسين عملية الاتصال بين طرفي العملية التدريسية.

---

[1]- كفاية التدريس: سهيلة محسن الفتلاوي، المرجع نفسه، ص٤٠ .
[2]- كفاية التدريس: سهيلة محسن الفتلاوي، مرجع سابق، ص٤١-٤٣ .

- استخدام الوسائل التعليمية وفق القواعد العامة، وإدارة الصف بهدف تحقيق نظام فعال داخل الفصل.

- اختتام الدرس بشكل مناسب، بهدف مساعدة المتعلمين على تنظيم المعلومات وبلورتها في عقولهم.

- تحديد الواجب المنزلي بغرض مراجعة المعلومات وإتقانها.

٣-٣. كفايات نتائج التدريس[١]:

وتتعلق تلك الكفايات بعملية التقويم التي تكشف عن مدى تحقق أهداف الدرس والتقدم في التحصيل الدراسي، ويمكن إبراز ذلك من خلال الآتي:

- التقويم التكويني المستخدم أثناء سير الدرس لغرض معرفة مدى تقدم الطلاب في اكتساب المعرفة والمعلومات والحقائق.

- التقويم النهائي، الذي يستخدم في نهاية العملية التدريسية، لتقدير مدى تحصيل الطلاب ومعرفة مدى تحقق الأهداف التعليمية والتربوية المسطرة.

٤-٤. البعد الاجتماعي والإنساني[٢] :

ويتركز هذا البعد حول الكفايات الوجدانية والاجتماعية، كبعد أساسي له صفاته وملامحه،ويضم الآتي:

٤-١. التعاون بين أطراف المهنة داخل المرفق بهدف إنجاح العملية التعليمية والتعلمية بصفة عامة.

١- كفاية التدريس: سهيلة محسن الفتلاوي ، المرجع نفسه، ص٤٣، ٤٤.

٢- كفاية التدريس :سهيلة محسن الفتلاوي، المرجع نفسه، ص ٤٤.

٤-٢. إقامة علاقة طيبة مع الطلاب يسودها الاحترام المتبادل والتفاهم.

٤-٣. تنمية الانضباط الذاتي لدى المتعلمين ، وإعطائهم التوجيهات اللازمة والمحددة.

٤-٤. تشجيع الطلاب على التفاعل داخل الفصل واختيار الأنشطة.

٤-٥. استيعاب طبيعة المجتمع، للإسهام في ترجمة الأهداف المدرسية لصالح المجتمع.

هـ - أنواع الكفايات:

هناك مستويات وأنواع للكفايات يصنفها الباحثون والخبراء حسب المراحل والمواقف التدريسية. ورغم تداخلها وترابطها، فهي تسعى في مجملها إلى تحقيق الأهداف التعليمية في جوانبها المعرفية والمهارية والوجدانية. وحسبنا في هذا السياق أن نشير إلى بعض التصينفات للكفايات، وهي على النحو الآتي:[1]

١- كفاية معرفة وتذكر. ٢-كفاية الفهم والاستيعاب.

٣-كفاية في الأداء. ٤- كفاية في الإنتاج.

وأشار جامل إلى الكفايات التالية[2]:

١) الكفايات المعرفية Cognitiv Competence:

وتتضمن المعلومات والعمليات المعرفية والقدرات العقلية والمهارات الفكرية اللازمة للأداء بهدف تحقيق الأنشطة، بالإضافة إلى الحقائق ومعرفة النظريات والفنيات.

---

[1] - المعلم الفاعل: محمد عبد الرحيم عدس، مرجع سابق، ص٥٠.

[2] - الكفايات التعليمية: عبد الرحمن جامل، مرجع سابق، ص١٤.

٢) الكفايات الوجدانية:

وتعبرعن الاستعدادات، والاتجاهات، والقيم، والمعتقدات، والسلوك الوجداني لدى المتعلمين كأفراد أو جماعات؛ فهي تعد قوة محركة نابعة من الداخل كإحساس ذاتي لدى الإنسان.

٣) الكفايات الأدائية:

وهي تعب عن الأداء الذي يظهر لدى الأفراد، كما أنها تتضمن المهارات النفس حركية؛ أي كل ما له علاقة بالبدن والجسد، وتنفيذ ذلك من خلال الممارسات الحركية التي يقوم بها المستهدفون من العملية التدريبية.

٤) الكفايات الإنتاجية:

وتعد هذه الكفايات نتيجة أو ثمرة للكفايات السابقة، والأثر الإيجابي الذي يظهر على المتعلم في الميدان يعطي إشارة على نجاح المتخصص في أداء عمله بجدارة تعكس كفاءته ونجاح تكوينه. وفي الوقت نفسه نلاحظ تصنيف آخر للكفايات وهو النحو التالي:

١) الكفايات الاستراتيجية[١]:

وتتمثل في تنمية القدرات التالية:

- معرفة الذات والتعبير عنها.
- التموقع في الزمان والمكان.
- التموقع بالنسبة للآخر وبالنسبة للمؤسسات والتكيف معها ومع البيئة بصفة عامة.

[١]- مدخل الكفايات والمجزوءات: حسن شكير، ص٥١.

- قدرات تتمثـل في تعديل المنتظرات والاتجاهـات والسـلوكيات الفردية وفق حـدوث تطور المعرفة والعقليات والمجتمع.

إن مجمل تلك الكفايات تتضمن معرفة الذات والتعبير عنها، وتعني حصول الفـرد عـلى قـدرات ومكتسبات ذاتية مـن خـلال مشـواره الـدراسي، كي يتمكن مـن التعبير عـن نفسـه، واسـتثمار المخـزون الاستراتيجي الذي اكتسبه كجانب لغوي معرفي، وثقافي، ومنهجـي، وعلمـي، وتكنولوجي [1]، بالإضافة إلى الانفتاح على العالم والإلمام بالخصائص وبالتالي التموقع داخل الـوطن. وبعد الإحاطة بكل ذلك يكون الاستعداد للاندماج في النظام العالمي ومن ثم التعرف إلى الأيديولوجيات والسياسات وصراعاتها، وكذلك الشعور بالأخطار البيئية.

كما أن الكفاية الاستراتيجية تعني التموقع بالنسبة للآخر، والتكيف مع البيئة بشكل عام، وهذا بدوره يشير إلى الانفتاح على الآخر وثقافته، وفلسفته، وتعلم لغته، والاستفادة مـن موروثه العلمـي والثقافي والتعليمي والتكنولوجي، باعتبار المعرفة إنتاجاً وموروثاً بشرياً مشتركاً، بالإضافة إلى الاطلاع عـلى قيم الحضارة الإنسانية المعاصرة، وقيم حقوق الإنسان بمختلف أنواعها.

ويجب على المتعلم أثناء مشواره الدراسي أن يتمكن من القدرات الثقافية والمنهجية والتواصلية التي تؤهله من إعادة النظر في المكتسبات السابقة، وتعديل السلوكيات وفق تطور المعرفـة وسـيطرتها وتجددها والأخذ بعين الاعتبار أن المعرفة نسبية.

---

[1] الكفايات والقيم وسبل اكتسابها:العربي كنينح، ص٨- ١٠.

٢) الكفايات التواصلية:[1]

وتتمثل الكفايات التواصلية بشكل عام بالآتي :

- إتقان اللغة العربية.
- التمكن من التواصل والاتصال مع عناصر ومكونات وأطراف المؤسسات التعليمية داخلياً وخارجياً.
- التمكن من إبداع واستيعاب فنون وأنواع الخطاب الأدبي،والعلمي والفني.

مما سبق نستقرئ أن الكفايات التواصلية هي: (مجموعة قدرات لاكتساب اللغة والتمكن من استعمالها وتوظيفها نطقاً وكتابة).[2] وأنّ القدرات المعنية في هذا السياق تعني (قدرات لسانية) على التعبير السليم الذي يراعي القواعد النحوية والصرفية، و(قدرات تواصلية) على تلقي الخطاب وتبليغه، بالإضافة إلى (قدرات تعبيرية) على تنويع السياق والأساليب، كما أن الكفايات التواصلية تعمل على تنمية القدرات المكتسبة سابقاً، وفي الوقت نفسه تعمل على تحسينها وتعزيزها وصقلها، مع مراعاة مسألة مستويات التعليم والتدرج بصفوف أو (الأسلاك التعليمية) للمرحلة الثانوية بشكل خاص باعتبارها هدف الدراسة الحالية. كل ذلك يهدف إلى إتقان استعمال اللغة العربية.

٣) الكفايات المنهجية [3] :

تهدف الكفايات المنهجية بالنسبة للمتعلم إلى اكتساب :

- منهجية التفكير وتطوير مداركه العقلية .

---

[1]- الكفايات والقيم وسبل اكتسابها:العربي كنينح، مرجع سابق، ص١٤.

[2]- منهاج اللغة العربية، قسم البرامج والوسائل التعليمية: وزارة التربية الوطنية، ص١٢.

[3]- مدخل الكفايات والمجزوءات: حسن شكير ، ص٥٢.

- منهجية العمل في الفصل وخارجه .

- منهجية تنظيم ذاته، وشؤونه ووقته وتدبير تكوينه الذاتي ومشاركته الشخصية.

إن الكفاية المنهجية هي: (تلك الكفاية الشاملة للقدرات العقلية التي تساعد على الفهم، والتحليل، والتقويم، وذلك باستعمال مختلف التقنيات المنهجية)[1].

و تتركز الكفاية المتعلقة بالمنهجية في بداية الأمر على إكساب الطلاب مجموعة من التقنيات والمنهجيات المختلفة التي تقوم بتوليد المهارات ذات الطابع العلمي لدى المتعلمين ثم تنمية استعمالها ودعمها في التركيز على الجديد من التقنيات، وبالتالي ترسيخ وتأمين تلك التقنيات والمنهجيات والمهارات سالفة الذكر، ومن ثم التركيز على الجديد منها، كالتدريب على أساليب الحجاج والبرهنة وغير ذلك.

إن تلك القضايا ستقود حتماً إلى تمكين الطلاب من عدة قدرات أهمها[2] :

١- القدرة على التحليل للأفكار والنقد والإنتاج .

٢- التمكن من اتخاذ مواقف إزاء بعض القضايا التعليمية والإنسانية.

٣- القدرة على اكتساب معارف متوازية يستطيع توظيفها المتعلم واستثمارها بشكل إيجابي في مختلف المجالات.

٤- التمكن من مهارات البرهنة والتواصل والتعبير والبحث المنهجي والعلمي.

---

[1] - منهاج اللغة العربية: وزارة التربية الوطني، مرجع سابق، ص ١٣.
[2] - الكفايات والقيم وسبل اكتسابها: العربي كنينح، مرجع سابق، ص ١٦.

٤) الكفايات الثقافية[1]:

وتتمثل في تنمية الرصيد الثقافي للمتعلم وتوسيع دائرة إحساساته وتصوراته ورؤيته للعالم والحضارة البشرية بتناغم وتفتح شخصيته بكل مكوناتها، وترسيخ هويته، كإنسان يستطيع الانسجام مع ذاته وبيئته والعالم من حوله.

وعلى هذا الأساس نجد أن الكفاية الثقافية تعبر عن: (حصيلة المعارف والمعلومات التي يكتسبها الطالب خلال دراسته الثانوية، كما أنها أيضاً مجموع القيم والمبادئ والفلسفة التي تعبر عنها هذه المعارف).

واستنادا إلى ذلك فغاية الكفاية الثقافية هي الوصول إلى إدراك الطلاب لأبعاد ثقافتهم وأصالتها وعلاقتها بالثقافات الأخرى، بالإضافة إلى معرفة الآتي[2]:

١-   بعض القيم التي يعبر عنها الأدب، وبعض مكونات جماليات الخطاب الأدبي.
٢-   أنواع وأنماط الكتابة النثرية والشعرية.
٣-   معايير تمييز النصوص والمؤلفات وحركة الإبداع في الأدب العربي.
٤-   بعض المقاربات المنهجية للتعامل مع النصوص والمؤلفات.

٥) الكفايات التكنولوجية[3]:

إن تنمية الكفايات التكنولوجية تعتمد على:

١-   القدرة على تصور ورسم وإبداع وإنتاج المنتجات التقنية.
٢-   التمكن من تقنيات التحليل والتقدير.
٣-   التمكن من وسائل العمل اللازم للتطوير.

---

[1]- مدخل الكفايات والمجزوءات: حسن شكير، مرجع سابق ، ص٥٢.
[2]- منهاج اللغة العربية: وزارة التربية الوطنية، مرجع سابق، ص١٤، ١٥.
[3]- مدخل الكفايات والمجزوءات: حسن شكير، مرجع سابق ، ص٥٢.

- إن المتعلم بعد مروره بالمراحل الدراسية يجب أن يكون في نهاية المطاف قادراً على:[١]

- استخدام التكنولوجيات الجديدة في مختلف مجالات الدراسة.

- الاستعمالات المتعددة للوسائل.

- توظيف التقنيات اللازمة للتدبير والتواصل.

كما صنفت الكفايات على النحو الآتي[٢] :

١- **الكفايات العامة:** وهي التي تيسر إنجاز مهام عدة.

٢- **الكفايات الخاصة:** وهي التي تعبر عن مهام معينة ومحددة بشكل دقيق.

٣- **الكفايات الدنيا:** وهي القدرة على القيام بمهمة ما بشكل ملائم، وهي تدل على المعارف.

ويقترح بعض الباحثين التصنيف التالي للكفايات:[٣]

١- كفايات معرفية (Cognitiv Competence)

وتضم أنواع المعارف والعمليات المعرفية والمهارات الفكرية والمعلومات اللازمة للمعلم .

٢- كفايات وجدانية (Affective Competence)

وتضم الاتجاهات والقيم اللازمة للمعلم.

---

[١] - الكفايات والقيم وسبل اكتسابها، العربي كنينح، مرجع سابق، ص١٨،١٧.

[٢] - استراتيجيات الكفايات: عبد الكريم غريب، مرجع سابق، ص ٦١.

[٣] - إعداد المعلم تنميته وتدريبه :مصطفى عبد السميع، وسهير حواله، مرجع سابق، ص ١٦٢، ١٦٣.

٣- كفايات نفس حركية (Psychomotor Competence)

وتضم المهارات الحركية اللازمة للمعلم، وبالنظر إلى هذا التصنيف نلاحظ أنه يتفق مع تصنيف بلوم (Bloom).

بينما يرى آخرون أن الكفايات تصنف إلى ستة مجالات هي:

١- كفايات خاصة بالعلاقات الإنسانية .
٢- كفايات خاصة بعمليات الاتصال .
٣- كفايات خاصة بالتخطيط .
٤- كفايات خاصة بإجراءات التعلم.
٥- كفايات خاصة بالتقويم.
٦- كفايات خاصة بالمادة الدراسية.

ويرى آخرون أن الكفايات تعد أكبر من مستويات المعرفة والمهارات، فهي تطبيق فعال لها، وتتجاوز مستويات معرفة المعلم بالمنهج ومهاراته واتجاهه نحو عملية التعليم.

تصنيف الكفايات بشكل عام[١]:

١-كفايات نوعية أو خاصة: وترتبط بمادة دراسية أو مجال تربوي معين أو مهني، أي حصرها في جانب محدد.

٢- كفايات ممتدة ومستعرضة: وهي عكس الأولى فهي عامة وتمتد في توظيفها إلى مجالات عدة، كما تسمى كفايات قصوى،لأنها تدل على الدرجة العليا.

---

[١]- مقارنة بين بيداغوجية الأهداف والكفايات: محمد عليلوش (النقوب)، ص٥٨.

و- طرق تحسين الكفايات:

يعد امتلاك المعلم للكفاية ذا أهمية في تجويد أدائه بفعالية،حيث تمكنه من التكيف مع المحيط، والتعامل مع المواقف التدريسية بكفاءة المعلم الممارس والقادر على ترجمة المقررات التعليمية وتحقيق النتائج المطلوبة بيسر وسهولة. وهذا يؤدي - بلا شك- إلى تحسين عملية التدريس بالصورة المأمولة.

وبما أن الكفاية تسعى إلى تحسين كل ذلك، فهي تحتاج إلى طرق لتحسينها. ولعل أبرز الطرق التي تؤدي إلى ذلك الهدف، هي وجود المقدرة والحافز معاً لدى المعلم لضمان الأداء الفعال.[١]

وهناك حوافز تشجع الأطر على الاستمرار في العمل وتجديده، وتحقيق المردودية المرغوبة ومن أهمها:[٢]

١- توافر الظروف الجيدة التي تساعد على تحسين الأداء.

٢- وجود رقابة جيدة تستطيع السيطرة والضبط والتوجيه لمسيرة العملية التعليمية في ضوء الأهداف والمعايير المرسومة.

٣- الاعتراف بأهمية الفرد، باعتباره العامل الرئيس والفاعل الأساسي في العملية التعليمية. فهو رأس مال التنمية.

٤- الأجر وملحقاته: إذ يعد عامل استقرار واطمئنان للمعلم لمواجهة متطلبات الحياة، لأن الأجر المستحق لا يقيه من الحاجة.

٥- العمل الثابت: وهذا يعطي المعلم الفرصة للإبداع واستثمار الطاقات، بما يحسن من الأداء، ويساعد على رفع معدل الإنتاج، كماً وكيفاً.

1- People and prdductivity : Suternerelster, Robert A, .

٢- دليل التربية العملية وإعداد المعلمين: فايز مراد دندش، والأمين عبد الحفيظ، ص١٢٩.

٦- فرص الترقي والتقدم: عندما يرقى المبدع على أساس كفاءته يخلق لدى الآخـرين الشعور بالعدالة والمسؤولية والإنصاف، وبالتالي يوجد التنافس في الإبداع والجدية في العمل.

٧- المزايا العينية يجب أن تمنح على أساس الكفاية لا الأقدمية عند اعتماد الكفاية، إذ أن تعزيز القدرة في العمل يؤدي إلى تحسينه وإيجاد عناصر مبدعة وفاعلة في العمليـة التعليميـة، مـما يـؤدي إلى تجنب الجمـود والرتابـة في عمليـة التـدريس فالكفـاءة معيـار الجودة والمردودية، بالإضافة لما ذكر، هناك عوامل تساعد على رفع الكفاية الإنتاجية للمدرس.

العوامل التي تؤدي إلى رفع الكفاية الإنتاجية للمدرس:[1]

١- إلمام المعلم بتفاصيل عمله.

٢- الاهتمام ببرامج تكوين المعلم.

٣- وجود الاستعداد لدى المعلم والميل إلى العمل بذاته.

٤- تحسين الظروف المحيطة به، لإيجاد فضاء يسمح له بالعمل بارتياح.

٥- التزود بالإمكانات المتاحة.

٦- وجود اتصال بين هيئات التدريس بالكليات، والمتخرجين مـن المعلمـين، وذلك لمعرفـة مـدى نجاحهم وتكيفهم مع البيئة الجديدة.

---

[1]- دليل التربية العملية وإعداد المعلمين : فايز مراد دندش، والأمين عبد الحفيظ، مرجع نفسه، ص١٢٩.

ز - مصادر اشتقاق الكفايات:

إن منظومة الكفايات تشكل عاملاً مهماً في تطوير تكوين المعلمين بصفة عامة ومعلمي اللغة العربية بصفة خاصة على أساس تربية المعلمين القائمة على الكفايات التي تسعى في جوهرها إلى تعليم المعلم المعرفة والمهارات والقدرات والاتجاهات، ليكون قادراً على إتقان التعلم وفقاً لنتائج محددة مسبقاً.

ويعد اتجاه الكفايات من الاتجاهات التربوية الحديثة في مجال التكوين، وقد حظي باهتمام الدارسين والباحثين باعتباره أحد الأساليب الأكثر نجاعةً في تمكين المعلم من القيام بدوره التدريسي بصورة فاعلة.

ومع هذا كله نجد أن مصادر اشتقاق الكفايات قد تختلف من دراسة إلى أخرى، كما أنها قد تتعدد في الدراسة الواحدة. ومرجع ذلك يعود إلى طبيعة وتخصص كل دراسة.

فقد حدد (دودال) طرق اشتقاق الكفاءات على النحو الآتي[1]:

(١)	تحليل الأدوار.
(٢)	تحليل النموذج النظري.
(٣)	تحديد الحاجات.

لقد استخدم المربون لاشتقاق الكفايات الطرق التالية[2]:

١- طريقة تخمين الكفايات لدى المعلم الفعال، وتعد هذه الطريقة أقل الطرق صدقاً.

٢- طريقة ملاحظة المعلم في الصف، وهي أفضل من الطريقة الأولى.

٣- الطريقة النظرية في اشتقاق الكفايات.

٤- الدراسة التحليلية، وهي أفضل الطرق في رأي (جاري بورش).

---

[1] - Selection Competency Outcomes for Teacher Education : Dodle. R, (1973),p 190.

[2] شرح الكفايات التعليمية: توفيق مرعي، مرجع سابق، ص، ٥٠.

ومن المصادر الأكثر شيوعاً ما يلي[1] :

١- تحليل المقررات وترجمتها:عن طريق الإعادتها وتحويلها إلى عبارات تقوم على الكفايات.

٢- تحديد الحاجات: يعد هذا من مصادر الاشتقاق، حيث يعتمد على تحديد الحاجات في ضوء حاجات الميدان. ويعتبر الخبراء إن أسلوب تقدير الحاجات من أكثر الأساليب قبولاً لاشتقاق كفايات المعلم وتحديثها.

٣- قوائم تصنيف الكفايات (Comp صلى الله عليه وسلم t صلى الله عليه وسلم ncy Lists) : إن القوائم الجاهزة تعد من مصادر اشتقاق الكفايات، حيث تم اختيار الكفايات اللازمة والمناسبة للبرنامج وحاجاته في ضوء وجود استراتيجية واضحة ومحددة.

٤- مشاركة العاملين في مهنة التعليم:

ومن مصادر اشتقاق الكفايات وتحديدها، الاستعانة بالعاملين في مهنة التعليم ومؤسساته المهنية، ويتم ذلك عن طريق الاستطلاع للآراء، ومن خلال المقابلة الخارجية والاستبانة، بالإضافة إلى دراسة المقررات التربوية الخاصة بمعاهد التكوين وترجمتها، وكذلك الأخذ بآراء الخبراء والعاملين في المجال التربوي، لمعرفة ما يرونه مناسباً ولازماً من الكفايات التي تم حصرها.

ك - أساليب تحديد الكفاية[2] :

هناك أساليب لتحديد الكفايات التكوينية من أهمها:

١- تقدير حاجات المجتمع ومتطلباته.

٢- الانطلاق من النظريات البيداغوجية، لاشتقاق الكفايات منها.

---

[1]- الكفايات التعليمية: عبد الرحمن جامل، مرجع سابق، ص٢٩-٣٠.

[2]- تكوين المدرسين المبني على الكفاية: محمد مون، ص٨٩ .

٣- يتم اشتقاق الكفايات عن طريق تحويل محتوى المقررات الدراسية وتدريب المعلمين عليها.

٤- تحليل عملية التعليم، وملاحظة سلوكات المدرسين داخل الفصل، وتحليل أدوارهـم المهنيـة، وصياغة ذلك في شكل كفايات يتدرب المتكون على إتقانها.

٥- استطلاع رأي الأطراف المعنية بعملية التكوين حول الكفايات الضرورية للتدريس الفعال.

بيد أن هذه الأساليب ليست مانعة أو نهائية، بل تظل الخيارات أمام الباحث مفتوحة، ويمكنه أن يستخدم أكثر من أسلوب، فهناك أساليب عدة لتحديد الكفايات، كما هو مشاع بين الخبراء والباحثين، وقد يكون أكثرها شيوعا ستة أساليب، كما حددها طعيمة[1]:

١- ترجمة المقررات الدراسية الحالية إلى كفايات يتطلب توافرها في المدرس.

٢- وصف أدوار المدرس، ومن ثم تحويل هذا الوصف إلى كفايات يتم التدرب عليها.

٣- دراسة حاجات الطلاب وقيمهم، وترجمة ذلك إلى كفايات يلزم توافرها عند المدرس.

٤- تقدير احتياجات المجتمع المحيط بالمدرسة ودراستها وترجمتها إلى كفايات يجب أن تتوافر عنـد المدرسين.

---

[1] - المعلم كفاياته- إعداده- تدريبه: رشدي طعيمة، ص ٣٤، ٣٥.

٥- التصور النظري لمهنة التدريس، وتحليل أبعاده بمنطق، وذلك من خلال الافتراضات حول مهنة التدريس، وما يجب أن يكون عليه المدرس، ومن ثم يحدد الكفايات المناسبة.

٦- تصنيف المجالات، بحيث يضم كل مجال عدة مجالات حسب الموضوع المشترك، ومن ثم تحويلها إلى كفايات يجب توافرها عند المعلمين.

من خلال استعراضنا لمصادر اشتقاق الكفايات، باستطلاع الآراء والاتجاهات المختلفة، نجد أنها في مجملها تسعى إلى اشتقاق الكفايات وجعلها في قالب واضح ومحدد، ليسهل التعامل مع مفرداتها أو فقراتها، إذ أن مفهوم الكفاية مازال يحمل في طياته الضبابية والعمومية، نتيجة لاستخدامه في عدة مجالات تربوية وتعليمية ومقاولاتية كبعد عملي يقوم على الممارسة والنتيجة.

ويجدر بنا هنا أن نذكر أهم المصادر التي يمكن من خلالها اشتقاق الكفايات بهدف تقديم صورة مركزة ومختصرة يمكن إدراكها بصورة سهلة، وهي[١]:

١- نتائج الدراسات والبحوث التي أجريت في مجال الكفاية ومراجعتها.

٢- القوائم الجاهزة للكفايات والاطلاع عليها بعد تصنيفها.

٣- استطلاع آراء الخبراء والمتخصصين في مجال التكوين البيداغوجي.

٤- الاطلاع على الكتب والبحوث الحديثة في مجال طرق التدريس ودراستها .

٥- تحليل المناهج الدراسية ومقرراتها.

---

[١]- الكفاءات التعليمية اللازمة للمعلم: أنيسة محمود هزاع، ص٧٠.

٦- ملاحظة أداء المعلم داخل الفصل الدراسي بهدف اشتقاق الكفايات اللازمة.

٧- تحليل الأداء والمهام التي يقوم بها المعلمون خلال الممارسة للعمل التدريسي.

ل - أسس تحديـد الكفاية [1]:

هناك أسس عامة يجب اعتمادها عنـد تحديد الكفايـات، يستطيع أن يرجـع إليها ويعتمـدها الدارسون لتحديد الكفايات قبل صياغتها، وقد حددها "محمود الناقه" في محاور أربعة هي:

١- **الأساس الفلسفي**، وتحديد افتراضات البرنامج.

٢- **الأساس التطبيقي**، بمعنى الاستعانة بما أثبتته التجربة.

٣- **الأساس الأدائي**، وهذا يعني الاستناد في تحديد الكفاية عـلى أسـاس تحديـد الأدوار والمهـام والواجبات التي سيؤديها الفرد.

٤- **الأساس الواقعي**: بحيث يتم تحديد الكفاية من خلال البرامج الحالية والمقررات الموجـودة، وإشراك العاملين في المؤسسة، بالإضافة إلى أدوات البحث العملي(الملاحظة، المقابلة، الاستبانة .... إلخ).

---

[1]- الكفايات التعليمية : عبد الرحمن جامل، مرجع سابق، ص٢٨.

ثانياً - تربية المعلمين القائمة على الكفايات:

أ: نشأة تربية المعلمين:

لقد جاءت تربية المعلمين القائمة على الكفايات لتمثل رد فعل على ما أظهرته الأساليب التقليدية التي كانت سائدة سابقاً من فشل، وذلك قبل ظهور تربية المعلمين القائمة على الكفايات، والتي سعت إلى تحويل المعلم إلى معلم ومربٍ.

وكان أكثر ما يؤخذ على تلك الأساليب التقليدية تركيزها على إكساب الطالب المعلم المعلومات النظرية المتصلة بالمادة الدراسية، بالإضافة إلى تزويده بمعرفة نظرية في التربية وعلم النفس على افتراض أن ذلك يؤهل المعلم للقيام بعملية التعليم.

أما تربية المعلمين القائمة على الكفايات فقد ظهرت في السبعينات[١]، ويعود جذور مصطلح (CBTE) إلى سنة ١٩٦٧م، عندما أصدر مكتب البحث والتربية الأمريكي طلباً لتطوير برنامج لتأهيل المدرسين[٢].

وتنطلق برامج هذه الحركة من مفهوم مفاده إكساب المدرس الكفايات اللازمة لقيامه بمهامه كمدرس ومربٍ[٣].

وقد بدأ استخدام هذه الحركة على نطاق واسع في معظم البرامج المستخدمة في الدول المتقدمة. وأما في الدول النامية، فقد قامت اليونسكو بوضع العديد من برامج التدريب على أساس مبادئ هذه التربية؛ فهي في الواقع حركة تربوية تقوم على الكفايات في تكوين المدرسين. إن هذه الحركة لها مفهومها وتاريخها ونشأتها

١- الكفايات التعليمية: يعقوب نشوان، وعبد الرحمن الشعوان، ص ١٠٣.

٢- الكفايات التعليمية: نبيل مراد ، مرجع سابق، ص ٢٦ .

٣- الكفايات التعليمية: نبيل مراد، المرجع نفسه، ص٢٥ .

وأهدافها ومبادئها التي تقوم عليها، أي أنها لم تأتِ من فراغ، بل تطورت عن اتجاهات سبقتها، كما أن لها صلة بحركات أخرى تتقاطع معها بشكل أو بآخر.[1]

وتعد هذه الحركة حديثة/ قديمة في الوقت نفسه[2]. فمسألة نشأتها القديمة تظهر في عودة جذورها إلى تاريخ قديم نسبياً، فقد استخدمت في تربية المهندسين والمحامين والممرضين، بالإضافة إلى تدريب مديري المدارس عليها، كما استخدمت في مجال تعليم العلوم الاجتماعية والطبيعية والإنسانية في بعض الجامعات الغربية .

أما النشأة الحديثة لها، فقد برزت في انتشارها، وكثرة استخدامها، متزامنة مع ظهور بعض نظريات المناهج وتطبيقاتها في مجال تربية المعلم، حيث اهتمت بالبرامج القائمة على تطوير مستوى الأداء، ولكنها لم تدم طويلا.

وجاءت فكرة ضرورة الأخذ بفكرة البرامج القائمة على الكفايات في إعداد المعلم وتدريبه على يد العالم التربوي الأمريكي شارترز (Chart صلى الله عليه وسلم rs). و كان استخدامها ضيقاً وبدائياً إلى حد ما، ولكنه شاع استخدامها في الأوساط التربوية، حيث شهد عقد الستينيات نمواً ملحوظاً، بعد أن أصبحت برامج إعداد المعلم وتدريبه متأثرةً بهذه الحركة تأثراً كبيراً، حتى صارت تلك البرامج القائمة على الكفايات البديل المناسب للبرامج التقليدية، من أجل معالجة جوانب القصور المختلفة في الأساليب القديمة.[3]

ولم يتوقف نمو تلك الحركة التربوية عند هذا الحد، بل تزايد حتى وصل الأمر إلى أن استخدمت ثمان ولايات أمريكية استراتيجية منح الشهادات العلمية المؤهلة للتدريس على أساس الكفايات، كمظهر من مظاهر تطور الحركة

[1] - الكفايات التعليمية: نبيل مراد ، مرجع سابق، ص ٢٥ .

[2] - برنامج مقترح لتنمية الكفايات: عبد الرحمن الصغير، مرجع سابق، ص٩٢.

[3] - برنامج مقترح لتنمية الكفايات: عبد الرحمن الصغير، المرجع نفسه، ص ٩٣،٩٤.

المتلاحق، وتطوير أساليب إعداد وتربية المعلم القائمة على الكفايات، وأصبحت تمثل- في مجال تكوين المعلم- أبرز اتجاهات التربية المعاصرة وأكثرها شيوعاً في الأوساط التربوية.

ب- مفهوم تربية المعلمين القائمة على الكفايات:

لقد عرف (ريتشارد) تربية المعلمين القائمة على الكفايات بأنها: البرنامج الذي يمد المعلمين بالخبرات التعليمية.[١]

وقال كل من (أحمد الطيب) و (رداح الخطيب) بأنها: البرنامج الذي يزود معلمي المستقبل بخبرات تعليمية تساعدهم على القيام بأدوار تعليمية متفق عليها من خلال أداء كفايات تعليمية محددة[٢].

ويعرفها (كوبر ووبر) بأنها: البرنامج الذي يحدد الكفايات المتوقعة التي يجب أن يظهر عليها الطالب المتدرب، ويضع مسؤولية الوصول إلى المستوى المطلوب على المتدرب نفسه[٣].

ويرى (الفرا) بأنها: من أبرز الاتجاهات في برامج تدريب المدرسين، الذي يعكس أهدافاً تربوية محددة فرضها عامل الالتزام والمسؤولية، وتأكيد ملاءمة البرامج لحاجات المتعلمين[٤].

وبهذا المفهوم يمكن القول إنها برامج تعمل على تزويد المدرسين بالخبرات التعليمية، أو كفايات تساعدهم على القيام بأدوار تعليمية من خلال الأداء.

١- الكفايات التعليمية: يعقوب نشوان، وعبد الرحمن الشعوان، مرجع سابق، ص ١٠٥.

٢- الكفايات التعليمية: يعقوب نشوان، وعبد الرحمن الشعوان،المرجع نفسه، ص ١٠٥.

3- Competency based systems approach to teacher education: Copper, J.M. and Weber, W. R, 1973.

٤- الكفايات التعليمية: نبيل مراد، مرجع سابق ، ص ٣٣ .

ج - عوامل نـشأة تربية المعلمين:

إن تربية المعلمين القائمة على الكفايات ظهرت نتيجة لقصور وفشل الأساليب التقليدية، ونتيجة للتطورات والتغيرات في مجالات علم التربية، وعلم النفس والتكنولوجيا، وعلـم الإدارة والـنظم، بالإضـافة إلى ذلك فقد نشأت نتيجة لعوامل عدة من أهمها:

١- اعتماد الكفاية بدلاً عن المعرفة:[١]

أي اعتماد مبدأ الأداء بدلاً من المعرفة كإطار مرجعي، بمعنى الممارسـات المسـتمدة مـن إطارهـا النظري بحركة متكاملة الأبعاد لإعداد معلمين أكفاء وتدريبهم وفق أحدث النظريات.

٢- مبدأ المسؤوليـة:

وهذا يؤكد على مبدأ المسؤولية والحاجة إلى تحديد المواصفات ، بحيـث يـتم مـن خـلال سـلوك المتعلم التي تحقق أداءات محددة من الأهداف، ومن خلال استخدام الأساليب المناسبة مـع تقويمهـا في ضوء تحقيقها للأهداف. واعتبار فشل الطلاب في تحقيق نتاجات تعليمية فشلا للمـدرس نفسـه، ولا بـد أن يسأل عن ذلك طلابه ، فـالمعلم الجيـد هـو الـذي يسـتطيع طلابـه القيـام بالعمـل الـذي خطـط لـه، بالإضافة إلى قدرته على إحداث تغيير إيجابي في سلوك طلابه.[٢]

ولتحقيق تلك المسؤولية يتطلب الآتي:[٣]

١- اختيار العناصر الأفضل لمهنة التعليم .

٢- تنمية المعلمين بشكل مستمر خلال الخدمة .

---

[١]- شرح الكفايات التعليمية: توفيق مرعي, مرجع سابق، ص٢٨.

[٢]- الكفايات التعليمية: نبيل مراد, مرجع سابق ، ص ٣٤ .

[٣]- شرح الكفايات التعليمية:توفيق مرعي, مرجع سابق، ص٣٠.

٣- الالتزام بأخلاقيات مهنة التعليم .

٤- تربية وتكوين المعلمين في معاهد خاصة قبل الولوج إلى الخدمة[١].

٣- منح الشهادات القائمة على الكفايات:

إن معيار تقويم الطالب المتدرب خلال تكوينه، هو ما يستطيع عمله وإنجازه لا ما يعرفه أو يشعر به، فقدرته على العمل تُعد انعكاساً لتلك المعرفة والشعور،[٢] وعندما ينجز ما هو متوقع منه يمنح الشهادة؛ أي أن الحصول على الشهادة رهين بالقدرة على العمل، مما يحدث تمفصلاً بين الجانب النظري والعملي بصورة أو بأخرى، وهذا ما يميز الكفاية للحصول على تعلم وتدريب جيدين، لابد من استخدام معايير الكفاية؛ أي أنه لا يمكن ازدهار التعليم دون توفر مقاييس مقبولة لكفاءة المدرس وأدائه إلى جانب إمكانية الاستفادة من معايير الكفاية لاختيار المتعلمين وقياس ما تعلموه.[٣]

٤- تحديد الأهداف على شكل نتاجات تعليمية سلوكية:

إن تحديد الأهداف على شكل نتاجات تعليمية سلوكية أدى إلى تطوير التربية القائمة على الكفايات[٤]؛ أي أنها مصوغة على شكل نتاجات تعليمية وشاملة للنواحي الإدراكية والانفعالية والأدائية، وتقاس أو قابلة للقياس، وتلاحظ أو قابلة للتحقق، ومعروفة لدى الطالب المعلم ومرتبطة بتحقق الأهداف أكثر من مصادر التعلم اللازمة لتحقيق الأهداف[٥]، و هذا يشير بطريقة أو بأخرى إلى الترابط

1- Accountability in the Learning pocess: Dobbs Ralph C, P. 123.

٢- الكفايات التعليمية: نبيل مراد، مرجع سابق ، ص ٣٥ .

3 - Competency Based Education , The high School Journal :Rickover ,G H,1979.

٤- Performance Based teacher Education what is the state of the Art?: Elam Stanley1975, P.P. 2-9.

٥- الكفايات التعليمية: نبيل مراد،مرجع سابق، ص ٣٦ .

العضوي بين البرنامج القائم على الكفايات والبرنامج القائم على الأهداف السلوكية. فالأهداف السلوكية تعد حجر الزاوية في التربية القائمة على الكفايات[١].

٥- تطوير التكنولوجيا التربوية:[٢]

إن التطور التكنولوجي التربوي قد أمد التعليم والتعلم بمصادر وطرق جديدة، فالتربية القائمة على الكفايات قد تطورت بفعل هذا العامل الذي يؤكد تطبيقا للعلم على العمل. وقد أكد ستانلي إيلام (Stanley Elam) نقلاً عن (مراد) بأن ذلك من عوامل التطوير للحركة.

٦- التعليم الإتقاني:

يكون التعليم الإتقاني بالحصول على المهارات الأساسية التي تكسب القدرة على التعلم والاستمرار فيه من خلال الاهتمام بالأداء. وهناك ستة معايير لنظام التعلم تجعل المتعلم يستمر بالتعلم بفاعلية هي[٣]:

أ - تحديد الأهداف التي تحدد مستوى الإتقان المطلوب.

ب- الاختبار القبلي.

ج - الأنشطة التعليمية.

د – الاختبار التشخيصي.

هـ- الأنشطة العلاجية.

و – الاختبار البعدي.

٧- حركة التجريب:[٤]

ترتبط تربية المدرسين القائمة على الكفايات بحركة التجريب، وهذه الحركة ترتبط بحركة التغيير المتسارع الحادث في العالم، والتربية العملية المتصلة بعلم النفس والسلوك النفسي والاجتماعي للفرد المتصل بالوضع الاقتصادي والدافعية.

---

[١]- شرح الكفايات التعليمية: توفيق مرعي، مرجع سابق، ص٣٣.

[٢]- الكفايات التعليمية: نبيل مراد، مرجع سابق، ص ٣٦ .

[٣]- شرح الكفايات التعليمية: توفيق مرعي، مرجع سابق ، ص٣٤.

[٤] - Competency Based Education . An Introduction : Bums Richard w: 1973, P. P .8 – 9.

٨- اختلاف مفهوم التدريس:[١]

نظراً لعدم وجود طريقة أو مبادئ مثلى في التعليم، وعدم القدرة على تحديد خصائص التدريس الجيد بدقة، ظهر مفهوم الكفايات التي تحدد الأدوار التي يقوم بها المعلم، فهي تعد بديلاً للاتجاهات السابقة.

٩- تفريد التعليم:[٢]

ويعني هذا انشغال الطلاب بمهام تناسب حاجاتهم التعليمية ومستوياتهم النمائية وأساليبهم الإدراكية حسب السرعة والتعليم الذاتي والتغذية الراجعة (F صلى الله عليه وسلم d Back). وهذا يرجع إلى ثلاثة أسباب:

أ - التقدم التكنولوجي التربوي .
ب- الاستياء من البرامج المألوفة.
ج- التركيز على التدريب أثناء الخدمة.

ويربط كل من (هول) و (بارب جيمس) التربية القائمة على الكفايات بتفريد التعليم.[٣]

١٠- التربية القائمة على العمل الميداني:[٤]

حيث تتاح الفرصة للمعلمين لمشاهدة وملاحظة المواقف التعليمية في المدارس، وكذلك القيام بالممارسة مع مجموعة مصغرة من الطلاب، ثم مع مجموعة كبيرة بهدف التزود بالخبرات.

[1] - Performance Based teacher Education what is the state of the Art?: Elam Stanley 1975, P.P. 2-9.

[٢]- شرح الكفايات التعليمية: توفيق مرعي، مرجع سابق، ص ٣٦،٣٧ .

[٣]- الكفايات التعليمية : نبيل مراد، مرجع سابق، ص ٣٨.

[٤]- شرح الكفايات التعليمية: توفيق مرعي، مرجع سابق، ص ٣٦.

١١- تطوير أساليب تقويم المدرسين:[١]

لقد سار التقويم باتجاه تحسين نتيجة عمل المدرس والعملية التربوية بدلاً من التأكيد على أساليب التدريس، وبذلك تحسنت أساليب التقويم، وارتبط هذا التحسين بتربية المعلمين على الكفايات. وفيما يلي أهم الاتجاهات في تطوير المعلمين[٢]:

أ – بناء التقويم لتحقيق الأهداف واعتبار الزيارة الصفية أحد عناصره.

ب- تطوير القوائم التقليدية (إنشائي- وصفي) بتصاميم أكثر دقة وجدوى.

ج – اعتماد تقويم المعلمين لزملائهم، والتلاميذ لمعلميهم.

د – ارتباط التقويم بالمسؤولية، وتؤكد عليه عقود العمل.

هـ- اهتمام منظمات المعلمين بتقويمهم، والمشاركة في تحديد الخطوط العامة وإجراءات التقويم.

و – توجيه التقويم نحو تنمية المعلمين مهنياً.

١٢- أسلوب النظم:

من المعالم البارزة للحضارة الحديثة أسلوب النظم، الذي يستند إلى نظرية النظم العامة المطبقة في التفكير والتخطيط والبحث العلمي، التي تساعد على التخلص من المشاكل، وتكوين إطار فلسفي متكامل، يثري البحث ويحسن أساليب التقويم:[٣]

إن التربية القائمة على الكفايات تعتمد على الاستراتيجيات المستخدمة في تحليل النظم لتطوير العلاقة بين الإنسان والآلة.

---

[١]- الكفايات التعليمية: نبيل مراد، مرجع ، سابق، ص ٣٩.

[٢]- شرح الكفايات التعليمية: توفيق مرعي، مرجع سابق ، ص ٤٠.

[٣]- منظومة تكوين المعلم: محمد عبد الرزاق إبراهيم، ص٦٠، ٦١.

[تعلم ← نظم ← أداء ← سلوك]

فالنظم تشكل نظاماً متكاملاً له مدخلات ومخرجات وعلاقات وعمليات تسعى إلى تحقيق الأهداف المحددة، ويمكن تصور ذلك في الشكل التي:

شكل توضيحي رقم (٢)

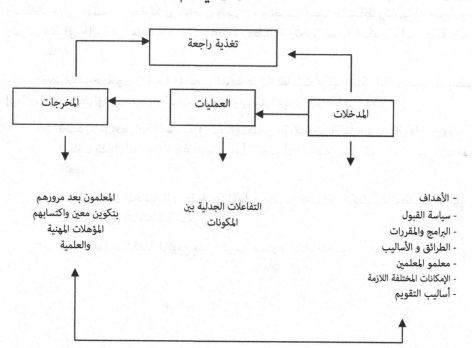

13- التدريب الموجه نحو العمل [1]:

يعتقد (لطفي سوريال) أن التدريب الموجه نحو العمل من أبرز الاتجاهات التجديدية في تكوين المعلمين، كما ربط بينه وبين التربية القائمة على الكفايات، بحيث اتجه إلى المهام المهنية وإلى متطلبات تلك المهام من الكفايات، وما يتصل بها من حاجات تدريبية للمستهدفين مع مراعاة خلفية الواقع التربوي والمدرسي،

---

[1]- شرح الكفايات التعليمية: توفيق مرعي، مرجع سابق، ص ٣٩.

واتجاهات التطوير المرغوبة، بالإضافة إلى التأكيد على الدور الفعال للمتدرب في الأنشطة، وعلى المرونة في التخطيط والتنفيذ، بحيث يسمح لكل متدرب بالانطلاق من واقعه وبالسرعة التي تناسبه بغية تحقيق الغايات، بحيث يوظف التقويم التكويني والتغذية الراجعة بهدف الوصول إلى الأهداف المرسومة بأقصى كفاية ممكنة يستطيعها.

د - سمات ومميزات تربية المعلمين القائمة على الكفايات:

يعتقد المدافعون عن تربية المعلمين القائمة على الكفايات بأنها حركة تتمتع بعدة مميزات وصفات، فهي حركة صالحة لكل المراحل والمواد[1]، وتتصف أيضاً بالنشاط والبساطة والوضوح والموضوعية، إلى جانب أنها منطقية وعلمية وعملية ووظيفية، وتجعل عملية التكوين ذات فعالية وأكثر إبداعاً ونجاعة.

ويضيف المتحمسون أن تربية المعلمين القائمة على الكفايات عملية متكاملة، ويجب أن ينظر إليها كذلك، كما يقولون إن هناك مميزات يستخلصونها منها ويمكن إبرازها من خلال الآتي:[٢]

١- تحدد سلفاً الأهداف التعليمية في تربية المعلمين القائمة على الكفايات بشكل واضح وبلغة السلوك القابل للملاحظة، واعتبارها أساساً لتقويم أداء المعلمين، أي التحديد الدقيق لأهداف التعلم.[٣]

٢- اعتبار الأدوار المختلفة التي يقوم بها المعلم مصدراً لاشتقاق الكفايات المطلوبة لتكوين المعلمين عليها أثناء عملية التكوين.[٤]

٣- امتلاك المعلم الكفاية المتوقع منه تطبيقها بمستوى الأداء المحدد.

---

[1] -Some Notes on competency based teacher Education : Piaes, E.A, p.l.

[٢]- شرح الكفايات التعليمية: توفيق مرعي، مرجع سابق ، ص ٤١.

[٣]- برنامج مقترح لتنمية الكفايات:عبد الرحمن الصغير، مرجع سابق، ص ٩٨.

[٤]- شرح الكفايات التعليمية: توفيق مرعي، مرجع سابق، ص٤١.

٤- إشراك المعلم في تحديد الأهداف، أو على الأقل أن يكون لديه علم بذلك، كما يحق له القيام بعملية الاختيار من بينها أحياناً.[1]

٥- يعتبر التدريب الميداني أساسياً في هذه الحركة، لذا لابد من توفير الفرص التدريبية الكافية لاكتساب الكفايات المخططة[2].

٦- يتطلب تعلم المعلمين الطلاب نفس الطريقة التي يمكن أن يعلموا بموجبها.

٧- تعمل على التكامل بين النظري والتطبيقي في مجال التعلم لإحداث عملية تمفصل بينهما، والأخذ بمبدأ الاستمرارية في تربية المعلم[3].

٨- ارتباط التعلم بالأهداف التعليمية الواجب تحققها أكثر من ارتباطه بمصادر التعلم واستراتيجياته ووسائله المستخدمة لتحقيق تلك الأهداف.

٩- الاهتمام الشديد بالفروق الفردية، والتركيز على الاهتمامات.

١٠- الارتباط الشديد بالمبادئ الديمقراطية في التربية من خلال إشراك المعلمين والطلاب وغيرهم مع المعنيين بالأمر.

١١- يتم التكوين في حالة تمكن المعلم الطالب من عمل الشيء ؛ أي امتلاكه القدرة على إنجاز الشيء المطلوب منه، بغض النظر عن الوقت، إذ ليس هو العامل المهم في العملية.

١٢- تركز تربية المعلمين القائمة على الكفايات على المتعلم وتدور حوله وبيئته، وتستغل كل الإمكانات لتحقيق المنتوجات التعليمية، والاستفادة من التقدم التكنولوجي، وتتلاءم مع متطلبات التعلم الذاتي.

---

1 - <u>And Klingstedt Joe Lord</u> :Burns, Richard W, (op. cit), p.21.

٢- <u>شرح الكفايات التعليمية</u>: توفيق مرعي، مرجع سابق، ص٤٢.

٣- <u>برنامج مقترح لتنمية الكفايات</u>: عبد الرحمن الصغير، مرجع سابق، ص ٩٨.

١٣- تكون الدافعية داخلية أكثر من كونها خارجية في تربية المعلمين القائمة على الكفايات، فهي تقوم على الثقة بالنفس والنجاح والتشخيص ثم العلاج.

١٤- إن قدرة المعلم المتكون ونجاحه تظهر من خلال الممارسة بكفاءة وفعالية، وليس ما يعرفه أو يشعر به[١].

١٥- إلقاء مسؤولية تحقيق الأهداف المرجوة على عاتق المعلم، من خلال نتائج طلابه.[٢]

١٦- تدفع التربية القائمة على الكفايات المعلم الطالب للتنافس مع ذاته فقط.

١٧- توظيف مهارات التقويم الذاتي وتنميتها، مما يساعد على تحديد الحاجات التعليمية للطالب المعلم .

وعندما نتفحص تلك الخصائص المميزة لتربية المدرسين القائمة على الكفايات نلاحظ أنها قد غطت عدداً من المجالات التعليمية، حيث ترتبط بعضها بالأهداف التعليمية، وبأساليب الإعداد، وبالدور الفعال للمتكون، وأخيراً بعملية التقويم.

---

[١]- شرح الكفايات التعليمية: توفيق مرعي، مرجع سابق، ص ٤٣ – ٤٥.

[٢]- برنامج مقترح لتنمية الكفايات : عبد الرحمن الصغير، مرجع سابق، ص ٩٨.

وهناك من صنف تلك الخصائص المميزة للحركة تصنيفاً آخر،كإيلام (Elam)، الذي صنفها إلى ثلاث فئات رئيسة كما في الجدول التالي رقم (١٢)[١].

خصائص أساسية	خصائص متضمنة	خصائص منتجية
١-الكفايات تشتق من دور المعلم في المواقف ومحددة بلغة سلوكية. ٢- معايير التقويم تعتمد أساساً على كفاية المتدرب وتحديد مستويات الإتقان المقررة والمعلنة. ٣- التقويم يشترط الأداء كمعيار لإتقان الكفاية مع أخذه في الاعتبار المعرفة النظرية لدى المتعلم. ٤- تقدّم المتعلم في البرنامج التدريبي يعتمد على التمكن من الكفاية بشكل سلوكي ٥- يسهل البرنامج التدريبي تطوير كفايات تعليمية محددة وتقويمها.	١- التفريد ٢- التغذية الراجعة. ٣- تطبيق البرنامج بشكل كلي واشتماله المؤسسة التدريبية كلها . ٤- التركيز في البرنامج التدريبي على متطلبات التخرج من البرنامج. ٥- الاستعانة بصورة تنظيمية بعناصر البرنامج. ٦- التزام البرنامج والمتدرب بتحقيق أهداف البرنامج التدريبي.	١- يتم التنفيذ في ظروف ميدانية . ٢- الاعتماد على الجميع في اتخاذ القرارات . ٣- اشتراك المتكونين في اتخاذ القرارات. ٤- توجيه واستمرارية البحث. ٥- استمرارية النمو المهني. ٦- تكامل دور المعلم.

[١]- مهارات التدريس لمعلمي ذوي الاحتياجات: أحمد عفت قرشم، ص ٩٨.

وخلاصة القول: إن تربية المدرسين القائمة على الكفايات قد أحدثت كثيراً من الآثار باعتراف (جيمس دي). ومن تلك الآثار الآتي:[1]

١- أوجدت خلافاً حاداً بين المربين، وأدى هذا الخلاف بدوره إلى التنافس، وبالتالي إلى المزيد من البحث والتجريب.

٢- وجهت النقد إلى التربية بشكل عام، وإلى تربية المدرسين بشكل خاص.

٣- وجهت حركة الأهداف السلوكية توجيهاً تاماً نحو المنتوجات التعليمية.

٤- وجهت البحوث نحو دراسة السلوك التعليمي.

٥- جعلت المدرسة أكثر فاعلية، وزودتنا بمعايير المسؤولية.

٦- اشترطت تحديد معايير ووسائل تتعلق بالتحصيل والتعليم والتقييم الفعال.

٧- ضيقت الفجوة بين الجوانب النظرية والعملية في ميدان تكوين المدرسين عن طريق تطبيق المعارف النظرية وتحويلها إلى سلوكات وأداءات، وجعل المتكون محور عملية التكوين، باعتباره الفاعل الرئيس في تكوينه[2].

هـ - مآخذ تربية المعلمين القائمة على الكفايات:[3]

تعد تربية المعلمين القائمة على الكفايات من الاتجاهات التربوية المعاصرة بل من أكثرها شيوعاً في الأوساط التربوية، وقد أفادت العملية التعليمية وعلى

---

[1]- الكفايات التعليمية: نبيل مراد، مرجع سابق، ص ٤٠ .
[2]- تكوين المدرسين المبني على الكفايات:محمد مؤمن، مرجع سابق، ص ٩١.
[3]- برنامج مقترح لتنمية الكفايات: عبد الرحمن الصغير، مرجع سابق، ص ٩٩.

وجه الخصوص عملية تكوين المعلم، فضلاً عما قدمته من حلول ناجحة لمعالجة قصور الاتجاهات التقليدية وملامحها التي كانت سائدة.

وبالرغم من الصفات التي تميز هذه الحركة، إلا أنها لم تخل من بعض المآخذ أو القصور كما يراها البعض، وفي الوقت نفسه هناك من التربويين من أيدها ونادى بالأخذ بها.

وعلى أي حال، فإن المآخذ التي وسمت بها قليلة بالمقارنة بما حظيت به من تأييد ومساندة من قبل معظم علماء التربية، وقد تمثلت هذه المآخذ بما يلي:

١-أن شرعية التربية القائمة على الكفايات موضع شك كما يعتقد (جيمس ديJam صلى الله عليه وسلم s F Day)، ويرجع ذلك لارتباطها بأغراض المسؤولية منذ نشأتها، والمرتبطة بدورها بالأغراض السياسية، وعدم ارتباطها بتربية المعلمين نفسها.[١]

٢- لقد ارتبطت التربية القائمة على الكفايات بالمدرسة السلوكية بطريقة أو بأخرى، حيث تقوم الأخيرة بتفتيت الموقف الموحد إلى أجزاء، كما تنظر إلى السلوك على أنه مجموعة من المثيرات والاستجابات، لذا يعتبر الهجوم على المدرسة السلوكية هجوماً عليها[٢].

٣- إن تنمية الكفايات أمر مهم بشرط أن لا يكون ذلك بعيداً عن المعلومات والمعارف، حتى لا تنتهي بعد فترة من الزمن، خاصة إذا تغيرت الأسس المعرفية لهذه الكفايات[٣].

---

[١]- الكفايات التعليمية: نبيل مراد، مرجع سابق، ص ٣٩.

[٢]- شرح الكفايات التعليمية: توفيق مرعي، مرجع سابق ، ص٤٦.

[٣]- مهارات التدريس لمعلمي ذوي الاحتياجات: أحمد عفت قرشم، مرجع سابق، ص ١٠٦.

٤- تعتبر تربية لا إنسانية، نظراً لاعتمادها على مدخل النظم، واستخدامها مصطلحات من مدخلات ومخرجات، وجعل المتعلم أشبه بالآلة، أي أنها تضيق حرية الإنسان المدرس وتحد من قدراته الإبداعية.

٥- يعاب على التجارب والأبحاث التي يتم على ضوء نتائجها تحديد الكفايات المؤثرة في تعلم الطلاب، كونها تفتقر إلى الموضوعية والدقة والمصداقية، سواء على المستوى المهني أو على مستوى علاقة نتائجها بتحصيل وتعلم الطلاب[١].

٦- لقد وصفت تربية المعلمين القائمة على الكفايات بعدم الوضوح ، وأنها موضة، وفي حالة وجودها يتحمل المعلم مسؤولية الفشل دون غيره، فهي حركة لا تثق بالمعلم عندما تخطط له كل شيء سيعمله، فهو بهذه الحالة يعلم مادة ولا يعلم إنساناً ، لذا سخر ديفيد كامبل(David Campb صلى الله عليه وسلم ll) من الكفايات.[٢]

إننا نعيش في مجتمع يجل المهارة ويحترمها، لذا يجب على التعليم أن يتوجه نحو امتلاك المهارات والكفايات، غير أن له محاذير منها :[٣]

أ- لا نستطيع أن نطور الكفاية دون الاهتمام بالتطبيق، وهذا ليس سهلاً.

ب- لا نستطيع الفصل بين الكفاية ومحتوى هذه الكفاية، بمعنى يجب الاهتمام بمحتواها أولاً ثم الاهتمام بامتلاكها.

---

[١] - تكوين المدرسين المبني على الكفايات: محمد مؤمن، مرجع سابق، ص ٩٢.

[2]- Affective Domain Tool, Has professional, Competence, Educational Leadership :Campbell David, N, (Jan1974), pp . 326 – 328 .

[3] - Teaching skills in the social studies : Social Studies Review, (op . cit) p. 2.

ثالثاً - الجودة الشاملة في التكوين:

يعتبر الحديث عن الجودة إشارة دالة إلى التطلع نحو تحقيق التحسن في الأداء والمنتوج التعليمي الذي يتم بمواصفات عالية، وبأقل الجهود والإمكانات المبذولة. وإذا كان مصطلح الجودة في الأساس، مصطلحاً اقتصادياً جاء تحت ضغط ظروف التقدم والثورة التكنولوجية في العصر الحديث، فهو في الواقع يمثل ثورة جديدة، وتطوراً فكرياً شاملاً، وثقافة تنظيمية جديدة، غايتها تحسين الأداء والإنتاج وخاصة في ميدان التربية والتكوين البيداغوجي.

وتجدر الإشارة إلى أن أول من طبق مفهوم إدارة الجودة الشاملة في التعليم الجامعي، وتقديم خدمات إدارة الجودة الشاملة في مؤسسات التعليم هو العالم "روبت كورنسي-"[1]. بيد أن أول جهد حقيقي لتطبيق إدارة الجودة في الجامعات، تم في الولايات المتحدة الأمريكية، وذلك من خلال تشكيل فرق لدراسة وإدخال الجودة وتحسينها في العملية التدريسية.[2] وحسبنا في هذا المقام أن نشير إلى أن الجودة تعد مبدأً إسلاميا، فالإسلام يحثنا على الجودة والإتقان والإخلاص في العمل، وما يؤكد ذلك ما جاء في قوله تعالى:" **صنع الله الذي أتقن كل شيء**"[3]. وقوله صلى الله عليه وسلم:" **إن الله يحب إذا عمل أحدكم عملا أن يتقنه**"[4].

أ - مفهوم الجودة:

يُعد مفهوم الجودة من المصطلحات الجديدة التي تهدف إلى تطوير الأداء بصفة مستمرة، وعلى الرغم من ذلك نجد أن للجودة تعريفات متعددة، فالبعض يعرفها بأنها: (فلسفة تعزز مهمة مؤسسة ما وأهدافها، باستخدام أدوات وتقنيات

---

[1]- معايير تقويم الأداء وتحسين الجودة في التعليم الجامعي: مجموعة من الباحثين، ص ٧.

[2]- معايير تقويم الأداء وتحسين الجودة في التعليم الجامعي: مجموعة من الباحثين، مرجع سابق، ص ١٠.

[3]- سورة النمل، أية رقم ٨٨.

[4]- مجمع الزوائد: رواية أبو العلي، ص ٩٨.

تحسين الجودة المستمرة)[1]. لذلك فهي تعني: (المواءمة للاستعمال)[2]، أو المطابقة مع المتطلبات.

في حين عرفها قاموس W صلى الله عليه وسلم bst صلى الله عليه وسلم (r بأنها: (سمة متميزة وضرورية ودرجة من الامتياز)[3]، وتعني أيضا: (الوفاء بمتطلبات المستفيد وتجاوزها)[4]. أما الجودة في تعريف ريلي(Ril) صلى الله عليه وسلم y، فهي تعبر عن: (تحول في الطريقة التي تدار بها المؤسسة التي تتضمن تركيز طاقاتها على التحسينات المستمرة لكل العمليات والوظائف... فالجودة ليست أكثر من تحقيق حاجات المستفيد)[5].

أما المقصود بها في حقل التربية جودة الخريج، وهي بهذا تختلف عن جودة السلع المصنعة، ومن أجل تحقيقها يتطلب الوعي الكامل بحدودها وضوابطها وأثارها الجانبية، كما ترتبط في المؤسسة التعليمية جوهريا بمختلف عناصر وعوامل المناخ التربوي السائد فيها والخاص بها[6].

ويبدو أن مفهوم الجودة في التعليم، يعني تحسين الأداء وتطويره بصفة مستمرة للتعليم، فالجودة تجعل التعليم يحقق الأهداف المرجوة بمتعة وبهجة، باعتبارها: (مجموعة المعايير والإجراءات في الأداء، والمنتج التعليمي وفقا للأغراض المطلوبة بأفضل حال وأقل جهد وتكلفة)[7].

إذن، فالجودة تركز على الأداء من خلال تنمية القدرات الفكرية، وتنمية التفكير والإبداع، فهي عملية تحويلية ترتقي بالمعلم عن طريق تنمية ملكاته

---

[1]- معايير تقويم الجودة في التعليم الجامعي : مجموعة من الباحثين، مرجع سابق، ص ١٠.

[2]- إدارة الجودة الشاملة: محمد عبد الوهاب العزاوي، ص١٣.

[3]- الجودة الشاملة في غرفة الفصل : محمد يوسف أبو ملوح، جوجل   www.google.com

[4]- الجودة الشاملة في التدريس: محمد يوسف أبو ملوح، جوجل   www.google .com

[5]- الجودة الشاملة ضرورة معاصرة: محمد علي العلوي، ص ٣٦.

[6]- قراءة في بعض الإصدارات التربوية: عبد الواحد أولاد الفقيهي، ص ١٥.

[7]- ضمان تحقيق الجودة في البرامج التعليمية: هند عبد الله الهاشمية، ص ٤٢،٤٣.

وقدراته الفكرية، كما تسعى إلى أعداد متعلمين يمتلكون القدرة على معايشة غزارة المعلومات، وما يحدث من تغيرات هائلة والاستفادة منها بما يخدم التعليم ويحسنه.

ب - أهمية الجودة في التعليم:

من خلال استقراء التعريفات المتعددة للجودة الشاملة، نلحظ أن لها أهمية في حقل التربية والتعليم خصوصا عندما تسعى في بعدها الدلالي إلى تحسين الأداء وإتقانه في كل مراحل عملية تكوين المدرسين؛ أي لابد من توفرها في المدخلات والعمليات والنتائج التعليمية. ويمكن إبراز أهميتها من خلال النقاط الآتية[1]:

١- تقوم الجودة بعملية ضبط وتطوير النظام التعليمي، كما تعمل على توضيح الأدوار وتحديد المسؤوليات.

٢- تسعى إلى تحقيق الارتقاء بمستوى المتعلمين في مراكز التكوين من الجوانب كافة.

٣- تضع الحلول المناسبة للمشكلات لدى المتعلمين وعلاجها أو الإقلال منها.

٤- رفع مستوى الأداء لدى المعلمين، وزيادة الكفاءة التعليمية، بالإضافة إلى رفع مستوى الوعي لدى المتعلمين والمجتمع نحو أهمية التكوين البيداغوجي.

٥- توفر جواً من التفاهم والتعاون بين العاملين بالمرفق التعليمي، والوفاء بمتطلبات المتعلمين والمجتمع.

٦- تقدم تغذية راجعة لكل طالب/ معلم.

---

[1] ضمان تحقيق الجودة في البرامج التعليمية: هند عبد الله الهاشمية ،مرجع سابق، ص ٤٣.

٧- تتصف بخاصية الاستمرارية والمرافقة للشيء في كل المراحل[1].

٨- تدل على صلاح الخدمة التربوية المقدمة وفاعليتها وكفاءتها .

ج - فوائد تطبيق الجودة الشاملة في التدريس[2] :

تطبيق مفهوم الجودة الشاملة في التدريس، يعني تحقيـق أكـبر قـدر ممكـن مـن الفوائـد التـي سوف تحسن الأداء في العملية التربوية، ومنها:

١- الوفاء بمتطلبات التدريس، وتقديم خدمة تعليمية علمية وفقا لاحتياجات الطلاب.

٢- ممارسة الديمقراطية في التعليم، والحفاظ على التعليمات الرسمية دون الإخلال بها.

٣- مشاركة الطلاب في العمل ووضوح أدوارهم ومسؤوليتهم، والالتزام بالنظام الموجود وقواعده داخل مراكز التكوين.

٤- تقليل الهدر التعليمي في المواقف التدريسية.

٥- تحقيق التنافس الشريف بين الطلاب من خلال العمل الجماعي.

٦- الإحاطة بالمشكل وضبطه، ونقص مظاهره، وإيجاد الحلول المناسبة وتنفيذها[3].

[1]- تدبير جودة التعليم: محمد أمزيان، الدار البيضاء، ص ١٣.
[2]- الجودة الشاملة في غرفة الفصل: محمد يوسف أبو ملوح، جوجل www . google . com.
[3]- التكوين المستمر: عبد اللطيف الفارابي، ص ٨٢.

إذن، فالجودة الشاملة تتسم بالأهمية في تحسين أداء التعليم، وهي بهذا تعتبر ضرورية في كل عمليات ومراحل تكوين المدرسين، بهدف الوصول إلى منتوج متميز، فالجودة عملية مستمرة. ويتضح ذلك من خلال الشكل التالي:

الشكل رقم (٣)
يوضح استمرارية الجودة في كل المراحل

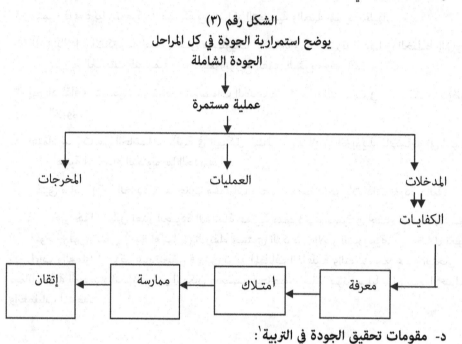

د- مقومات تحقيق الجودة في التربية[1]:

تتحقق الجودة من خلال تتبع عملية التربية ومراقبتها بهدف التحقق من مدى الوفاء بالمعايير المحددة للجودة، إلى جانب الأخذ بهندسة الجودة المتعلقة بخصائص مخرجات التعليم.

[1] - بناء السياسة التربوية وفق مبادئ إدارة الجودة: ناصر هلال الرابي، ص ٤٠،٤١.

إن إدارة الجودة الشاملة تؤكد، عند رسم السياسة التعليمية،على الأخذ بآراء وتطلعات كل القطاعات والفئات الاجتماعية، وذلك انطلاقا من مقومات تحقيقها، والتي تتطلب توافرها في المؤسسة التعليمية من أجل تحقيق الجودة الشاملة. ومن أهم تلك المقومات ما يلي:

١- تصميم قاعدة بيانات مركزية مشتركة بين المراكز التعليمية والجهة المشرفة عليها.

٢- الأخذ بالإدارة الإلكترونية لضمان أعلى مستويات الكفاءة في الأداء، وتوظيفها في الخطط التربوية، وتوزيع الخدمات التعليمية، وتخطيط وتوزيع القوى البشرية وفق التخصصات...

٣- إيجاد ثقافة تنظيمية لاستيعاب الكفاءات الجديدة، وإدماج التقنيات في نظم الأداء الوظيفي التربوي.

٤- اعتماد شبكات من الحاسبات الآلية في الهيكل التنظيمي بالإدارة التربوية، بالإضافة إلى التوعية بأهمية استخدام التكنولوجيا الحديثة.

٥- تطبيق مبادئ إدارة الجودة في مدخلات وعمليات التعليم، وصولا لمخرجات ذات جودة عالية.

وعلى هذا الأساس تعتبر الجودة الشاملة عملية مثمرة ومستمرة في حقل التربية والتكوين البيداغوجي، فهي تسعى في مضامينها إلى الارتقاء بمستوى التكوين والأطر التدريسية، من خلال تجويد الإجراءات والعمليات بموضوعية تتحقق فيها في نهاية المطاف الفاعلية والتميز، مع عدم التخلي عن ضمانات قلة الجهود والتكاليف قدر الإمكان وبحسب الحاجة، وبما لا يؤثر سلبا على سير الإجراءات والعمليات المتبعة.

الباب الثاني
الـخــلاصــة

الفصل الأول: خاتمة عامة

- استنتــاجــات
- تصـورات للتطـوير
- التصور المقترح للتطوير في ضوء النتائج
- توصيــات و مقترحات

الفصل الأول
خاتمة عامة

استناداً إلى الدواعي الذاتية والموضوعية والمرجعيات، انتهى البحث في مسألة كفايات تكوين معلمي اللغة العربية للمرحلة الثانوية، ولقد تبين أن دور المعلم في العملية التعليمية بات ضرورياً لإحداث عملية التطوير، لمواجهة كل المستجدات والتحديات المختلفة في الكم والكيف. وأجمع المربون قديماً وحديثاً على أن المعلم يشكل أساس العملية التربوية والتعليمية، بل وحجر الزاوية فيها، وقد يصعب تحقيق الغايات والأهداف المرجوة من دون معلم يتصف بالقدرة والكفاءة مهما توافرت المناهج والأساليب المتطورة رغم أهميتها، فهو يعد المترجم الحقيقي لكل المقررات والبرامج النظرية إلى معارف وسلوكيات محققة، وفي الوقت نفسه يؤكد المربون على وجود معوقات كثيرة قد تعيق عمل المعلم، كما أن هناك محاولات عديدة تبذل من أجل تحسين التربية، ومن ذلك الاهتمام تحسين نوعية التكوين على أساس مدخل الكفايات، باعتباره أكثر الأساليب نجاعة في ميدان التكوين البيداغوجي، والذي يسعى إلى تمكين المعلم من امتلاك الكفايات وممارستها بغية الارتقاء بالأداء وتحقيق الجودة.

وبالنظر إلى الأبواب، نجد أن الإطار النظري من خلال الفصول المختلفة يتناول كثيراً من القضايا، أهمها ما يلي:

- **الفصل الأول:** تناول أهمية الدراسة وأهدافها وإشكالاتها وفرضياتها والخطوات والإجراءات المتبعة لتنفيذها، إلى جانب توضيح مفاهيمها ومصطلحاتها.

- **الفصل الثاني:** عرضنا فيه بعض الدراسات السابقة، وما توصلت إليه من نتائج، حيث مثلت جسراً معرفياً ربط بينها وبين هذه الدراسة، كما أنها شكلت انطلاقة متقدمة نحو رصد مكامن القوة والضعف، وخاصة ما يتعلق بعملية تكوين المدرسين على أساس مدخل الكفايات.

- **الفصل الثالث:** تناول وضعية المعلم وأسباب تراجعها وأثرها في أدائه التدريسي، ومن ثم استجلاء أهم الصفات والخصوصيات الشخصية والمهنية اللازم توافرها في المعلم العصري، وذلك بما يتناسب مع دوره المستقبلي. وتم الوقوف كذلك على الأساليب والبرامج التكوينية المعتمدة في تكوين معلمي اللغة العربية للمرحلة الثانوية لدى كليات التربية في اليمن.

- **الفصل الرابع:** تناول أهمية مرحلة الثانوية ووظيفتها، باعتبارها مرحلة وسيطة بين المرحلة الأساسية والجامعية، أي أنها مرحلة تؤهل للدراسات الجامعية وإلى سوق العمل، بالإضافة إلى تناول خصوصيات الطلاب فيها، من حيث المظاهر العضوية والعقلية والاجتماعية وسواها. كما تم تناول أهداف التعليم والموضوعات والطرائق والوسائل المعتمدة فيها، ومن ثم اشتقاق بعض الكفايات اللازمة لمعلمي اللغة العربية.

- **الفصل الخامس:**تم التركيز فيه على الكفايات من حيث مفهومها وخصائصها، وما تمثله من أبعاد مختلفة، إلى جانب سرد أنواعها وتوضيح مصادر اشتقاقها. كما تم إبراز تربية المعلمين القائمة على الكفايات من عدة زوايا؛

أبرزها أهمية هذه الكفايات وعوامل نشأتها، وقدرتها على تزويد المعلمين بأكبر قدر من المعارف النظرية والعملية والسلوكية، بالإضافة إلى قدرتها على إحداث عملية تمفصل فيما بين ذلك.

وتطرق هذا الفصل أيضاً إلى أهم السمات والمميزات لهذه الحركة التربوية. كما تناول الجودة الشاملة على أساس مفهومها ومقوماتها والفوائد منها، وخلص إلى أنها عملية ضرورية ومستمرة في كل مراحل التكوين بغية تحقيق الإتقان.

أهم الإستنتاجات الرئيسية:

١- هناك ضعف في ممارسة الكفايات من قبل معلمي ومعلمات اللغة العربية في المرحلة الثانوية، أثناء تدبير المعرفة والتفاعلات البيداغوجية، وقد يكون ذلك نابعاً من عدة أسباب أهمها القصور في التكوين.

٢- إن هناك فجوة بين درجتي أهمية الكفايات وممارستها، تقدر بـ(٢١%)، حسب المتوسط العام لهما لصالح الأهمية، مما يعني انخفاض مستوى الممارسة للكفايات التدريسية من قبل المعلمين والمعلمات، وأنهم بحاجة إلى تكوين متين في مجال التكوين بالكفايات.

٣- تدل المؤشرات في هذه الدراسة، أن هناك تدنياً في مستوى تعليم اللغة العربية في المرحلة الثانوية.

٤- هناك ضعف في تنفيذ الكفايات التكوينية المتعلقة بمجال الوسائل التعليمية الحديثة، والاكتفاء بالوسائل التقليدية مثل السبورة والكتاب المدرسي ...

٥- إن مؤشرات التمهين ضعيفة لدى معلمي اللغة العربية بالمرحلة الثانوية .

٦- هناك ثغرات في التكوين الأولي (قبل الخدمة) لمعلمي اللغة العربية في المرحلة الثانوية كما يبدو ومن خلال مؤشرات النتائج للدراسة.

تصورات مقترحة للتطوير.

تبين مما تم التوصل إليه، أهمية الكفايات التكوينية لمعلمي ومعلمات اللغة العربية للمرحلة الثانوية في ضوء التطورات. وهذه بداية متواضعة، ونروم أن تكون أساساً لمزيد من الجهود المستقبلية في حقل التربية والتكوين البيداغوجي. واعتماداً على ذلك نرى ضرورة تقديم بعض الإجراءات والتصورات للتطوير، راجين أن تلقى حظها من الاهتمام بالميدان من قبل الجهات المعنية ذات الاختصاص، وأن تنال أيضاً اهتمام معلمي ومعلمات وموجهي وموجهات مادة اللغة العربية للمرحلة الثانوية بصفة خاصة، وبقية المعلمين للمواد الأخرى بصفة عامة.

أ- التصور المقترح للتطوير:

لعله من المفيد وضع تصور مقترح لتطوير تكوين معلمي اللغة العربية في المرحلة الثانوية، وذلك في وجود فجوة بين أهمية الكفايات التي تمثل الوضعية المأمولة، وبين درجة ممارستها من قبل المعلمين والمعلمات التي تمثل الوضعية الراهنة، مما يعني تدني مستواهم في ممارسة تلك الكفايات التكوينية، بالإضافة إلى غياب استخدام الوسائل التعليمية الحديثة، والاكتفاء بالوسائل التقليدية، مما يستدعي ضرورة اتخاذ التدابير اللازمة لإصلاح الوضعية الراهنة وتطويرها، واستجابة لمتطلبات الواقع وضغط الحاجة ورهانات المستقبل، وانطلاقا من الاعتبارات الآتية:

١- اعتبار تكوين وتأهيل المدرسين مسألة هامة، ونظاماً متداخلاً ومتكاملاً له قواعده وشروطه، وخاضعا لعمليات ديناميكية منظمة، كما يجب النظر إليه باعتباره عملية واحدة ومستمرة قبل وأثناء الخدمة.

٢- بات دور المعلم ضروريا لتطوير النظام التربوي والتعليمي باعتباره الفاعل والمحرك الرئيس في المنظومة التعليمية، مما يحتم الاهتمام به، وتحسين صورته وخاصة ما يتعلق بعملية تكوينه من خلال اتباع أساليب فعالة.

٣- يعد التكوين المبني على الكفايات سعياً إلى تلبية حاجات الواقع ومعطياته، ومتطلبات المستقبل كما وكيفا نحو التمهين لتحقيق التنمية المستديمة لدى المعلم، واعتبار مهنة التعليم من المهن المرموقة، كما هو الحال في مهنة الطب.

٤- الاستجابة للتطورات السريعة علمياً حول تكوين المعلم، خصوصاً ما يحدث في الدول المتقدمة، نظراً إلى ضعف المستوى العلمي والمهني والثقافي لدى المعلمين، وخاصة في الجانب التطبيقي.

إن كل ذلك يحتم علينا تقديم تصور للتطوير والتأهيل التربوي، لا لمجرد الرغبة وحسب، وإنما استجابة لما سبق ذكره ، بحيث تتمثل المعالجة من خلال المحاور الآتية :

أولاً: السياسات: يتطلب لإجراء عملية إصلاح وتطوير لتكوين المدرسين اتخاذ خطوات عملية يمكن تصورها من خلال الآتي:

١- إعادة النظر في السياسات المتبعة في مؤسسات التكوين، مما يعني التخلي عن الأساليب العشوائية أو العفوية، واعتماد بدائل وأساليب مخططة مبنية على استراتيجيات ثابتة وفق قواعد علمية ومهنية طابعها الموضوعية والعقلانية بين الواقع والطموح حسب الحاجة وإمكانية التنفيذ.

٢- ضرورة العمل على استقطاب الأفراد "المميزين" لمهنة التدريس على أساس التفوق والرغبة الأكيدة والميول نحو مهنة التعليم، فالطالب الجيد كما يقال يصبح مدرساً جيداً.

٣- وضع استراتيجية لاختيار الطلبة بحيث تتوافر فيها الدقة والموضوعية والصرامة، وذلك تمهيداً لولوجهم مؤسسات التكوين (كليات التربية)، مع الأخذ بعين الاعتبار المعدل المرتفع لشهادة نهاية المرحلة الثانوية، بالإضافة إلى اجتيازهم بنجاح كل الاختبارات النظرية والعملية كشرط أساسي لقبولهم في كليات التربية.

وكما أوصت "حلقة إعداد المعلم العربي في بيروت عام (١٩٥٧م)"، بمراعاة اختيار الطلبة لمهنة التدريس من حيث كفاءة المعلم البدنية والاجتماعية والخلقية... إضافة إلى مؤتمر "إعداد وتدريب المعلم في القاهرة عام (١٩٧٢م)"، الذي أكد على ضرورة أن تتوفر في "الطالب/ المعلم" حب المهنة واتساع الأفق والثبات والاستعداد القيادي[1]....

٤- وضع خطة بالتنسيق مع الجهات ذات الاختصاص لزيادة الحوافز المالية للمعلمين انسجاما مع الجهد المبذول، ومنحهم الترقيات وخاصة المتميزين منهم بهدف زيادة الإقبال على كليات التربية وتشجيعاً للمبدعين.

٥- حشد كافة الجهود الرسمية والشعبية، لإعادة الاعتبار للمعلم والرفع من مكانته ووضعه الاجتماعي، واعتبار مهنته من المهن المرموقة، مما يتطلب هذا تحسين وضعيته من خلال الاهتمام به ماديا واجتماعيا وعلميا ومهنيا وثقافيا وصحيا.

---

[1] - معايير إعداد مدرسي العلوم لطبيعة المرحلة الثانوية: عبد الغني يحي الشيخ، ص ٩٦.

٦- اعتماد نظام الترخيص لمزاولة مهنة التدريس على أن يجدد كل فترة زمنية محددة مثلا بأربع أو خمس سنوات على غرار ما هو معمول به في بعض الدول المتقدمة، وذلك بشرط مشاركته في دورات تدريبية، والقيام بأبحاث تربوية ومهنية أو مشاريع، كل ذلك يهدف إلى استمرار التنمية المستدامة، ومتابعة كل جديد في ميدان التربية والتكوين البيداغوجي، أي ربط الحوافز والترقيات الممنوحة للمعلم بمدى مشاركته في الدورات والورشات العلمية والتربوية وما أنجزه من أعمال علمية وعملية بنجاح.

٧- توفير الموارد والوسائل اللازمة لعلمية التكوين، وتنظيمها تنظيماً معقلناً، وإيجاد البنيات اللوجستكية المساعدة على تحقيق أهداف تكوين المدرسين المسطرة بتميز وبجودة عالية.

ثانياً: البرنامج: إنه لمن الإفراط الاعتقاد بوجود برنامج لتكوين المعلمين يتصف بالمثالية، يستطيع استطلاع كل ما يمكن أن يحصل في المستقبل من مواقف، وفي الوقت نفسه من الصعب تكوين معلم يكون بمقدوره مواجهة كل المواقف التي قد تواجهه أثناء حياته العملية.

وحسبنا في هذا السياق أن نقترح بعض الأفكار التي قد تساعد على تحسين كفاءة البرنامج، وهو ما يجعلنا ندعو إلى الالتزام ببعض الأفكار و من أهمها ما يلي:

١- أن يكون البرنامج مرناً متعدد الوجوه، قادراً على التكيف والمواءمة بين مراحل التكوين، وقابلا للتعامل مع المعارف القديمة والجديدة حسب الحاجة والمواقف والظروف.

٢- إعادة النظر في مضمون البرنامج المعتمد حالياً من خلال مكوناته الأربعة الإكاديمي والمهني والثقافي والتربية العملية، وذلك بما يواكب الأدوار الجديدة التي سيعد المعلم لها، بما يسمح بزيادة معدل الساعات للتربية العملية والجانب الثقافي والمهني بما يحقق الأهداف المسطرة في المنهاج.

٣- لابد أن يتضمن محتوى البرنامج معارف وخبرات نظرية وعملية تشمل تعلما ذهنيا وآخر تجريبيا، وتمتد إلى تعلم الاتجاهات والقيم وإحداث عملية تمفصل بينهما.

ثالثاً: مدخل الكفايات: يظل تحسين الأداء دائماً طموحاً مرهوناً بعدة عوامل من ذلك الأساليب والأنظمة التربوية والتعليمية ومدى فاعليتها وأثرها على الواقع.

لعلنا في هذا السياق نفضل الاعتماد على أسلوب مدخل الكفايات لتكوين معلمي اللغة العربية في المرحلة الثانوية، وذلك لما يتصف به من مزايا عدة من أبرزها: أنه يعتبر من الأساليب الجديدة والمتطورة والموضوعية. كما أنه يعد من مقومات الجودة الشاملة في التربية والتكوين البيداغوجي، إلى جانب قدرته على توجيه عمليات التكوين نحو إتقان الكفايات وممارستها، وإحداث عملية تمفصل بين الجوانب النظرية و العملية.

رابعاً: النظام التكاملي أو التتابعي: يتطلب تكوين المدرسين نظاماًَ يعتمد عليه في إنجاز المهمات المسطرة.

ليس لنا سوى أن نختار النظام التكاملي أو التتابعي، فلكل واحد منهما مبادئه ومزاياه وحدوده التي يتحرك فيها. إلا أننا نقترح لتكوين معلمي اللغة العربية في المرحلة الثانوية، في هذا المقام، النظام التكاملي الذي يحافظ على

الصلة المباشرة، بين الطالب المعلم وما يدرسه من مقررات تخصصية ومهنية وثقافية دون فاصل كما هو في النظام التتابعي.

خامساً: الجانب التطبيقي: يعني استخدام طرائق متنوعة في التدريس وخاصة التي تشجع على الحوار وإثارة التفكير وتنمية القدرة على الاستقراء والاستكشاف وحل المشكلات، والقيام بورشات تدريبية وعقد لقاءات وإنجاز مشاريع وبحوث... مما يساعد الطالب على تحويل الجانب النظري إلى ممارسة على أرض الواقع، لأن ذلك يعد من أساسيات التدريس، وتحويل المعرفة من مجردات إلى محسوسات ومن مبادئ نظرية إلى إجراءات تطبيقية.

سادساً: التربية العملية: من الملاحظ أن التربية العملية، في واقع الحال هي نظرية أكثر منها عملية، بل أصبحت عملا روتينيا تمثل مطلبا للتخرج فقط.

وما ندعو إليه في هذا المقترح هو أن تعطى التربية العملية اهتماماً حقيقياً، نظراً لأهميتها في ممارسة المهنة، ويمكن معالجة الأمر من خلال:

١- زيادة معدل نصاب التربية العملية من الساعات على ما هو معتمد حالياً، أي زيادة الوزن النسبي لها، بالإضافة إلى اختيار أسلوب تنفيذها بما يضمن تحقيق الأهداف.

٢- يخصص فصل دراسي إضافي يسمي فصل الامتياز تمارس فيه المهارات الميدانية تحت إشراف المختصين في الكلية، على أن يكون الإشراف حازماً يعتمد على الموضوعية، وذلك على غرار ما هو معمول به في الطب، إلى جانب إشراف إدارة المدارس ومشاركة الزملاء، لما لذلك من تأثير فاعل على التكوين.

سابعاً: التقنيات الحديثة: من المعروف أن وسائل العصر الحديث هي التقنيات بمختلف أنواعها، لذا يتطلب استثمارها في تعليم وتعلم اللغة العربية في

المرحلة الثانوية خصوصا، باعتبارها حقا مشروعا في تسهيل وتوصيل المعلومات بأقل الجهود وبفاعلية عالية، بالإضافة إلى نشر المعرفة المعلوماتية بين الطلاب، مما يعني استحداث مساقات في البرنامج التكويني تعني بتقديم المبادئ والمفاهيم الأساسية ومعالجتها بهدف تزويدهم بالمهارات، مما يفرض استحداث مقررات لنشر استخدامات الحاسوب في التعليم، وتوظيفه بمختلف المساقات، وتكليف الطلاب بأعمال تستلزم استخدامه، واعتماد استراتيجيات وتقنيات متطورة تساعد على امتلاك معلمي اللغة العربية الكفايات بهدف تحسين أدائهم.

ثامناً: التقويم في التكوين: يعد التقويم عنصراً أساسياً في عملية التكوين بهدف الوقوف على مواطن القوة والضعف، بحيث يتم دعم الجوانب الايجابية ومعالجة الجوانب السلبية، فالتقويم هو البداية للتطوير في عملية تكوين المدرسين، و يتطلب هذا إرساء نظام تقويم فعال بحيث يكون قادرا على القيام بالوظائف الموكلة إليه بإجادة، بهدف إنارة الطريق للجهات المعنية عن التكوين حتى تتمكن من اتخاذ القرارات المناسبة، ويتناول هذا النظام المدخلات والعمليات والمخرجات وما يدور في فلكها من علاقات جدلية تفاعلية. وذلك وفق نظام واضح ومعايير موضوعية، تتحقق فيها القدرة على تقويم أداء المعلمين في ممارسة المهنة، وهذا- بلا شك- يتطلب استخدام أساليب متنوعة لإحراز الفائدة المرجو بلوغها، ومن ذلك الأساليب ما يلي:

١- التطبيقات العملية.

٢- ممارسة كتابة البحوث والتقارير.

٣- الاختيارات الشفهية والتحريرية واختبار المواقف.

٤- الملاحظات الميدانية .

٥- التقويم الذاتي وتقويم الزملاء.

٦- متابعة المستهدفين في مواقع العمل.

٧- استطلاع آراء المعلمين.

٨- اختيار القدرات.

إن التطوير يرتبط بتطور أساليب التقويم للطلاب في ضوء:

- أن يكون شاملا للأبعاد المختلفة لشخصية الطالب في التقويم، بحيث يشمل كل الجوانب المعرفية والوجدانية والمهارية.

- اتباع أساليب تقويم تبرز الإمكانات النقدية والإبداعية وتنمية المواهب لدى الطالب.

- إعطاء درجة أعلى للجوانب العملية في المساقات المعتمدة بهدف تنمية الإنجازات التطبيقية.

إذا الاستمرار في عملية التقويم خلال تنفيذ مراحل التكوين عملية لابد منها للتدخل كلما دعت الحاجة، وفي وقت مناسب ومبكر منعا لضياع الجهود والموارد وضمان تحقيق الجودة العالية في كل مراحل التكوين، والسير في الاتجاه الصحيح.

(مدخلات ← عمليات ← مخرجات)

ب- التوصيات:

بناء على النتائج التي تم التوصل إليها فإن الدراسة توصي بالآتي:

١- تطوير السياسة المتبعة في مجال إعداد المعلمين وخاصة في مجال إعداد معلمي اللغة العربية لمرحلة الثانوية، وذلك وفق المتطلبات المستجدة في مجال أدوار المعلم ومساهمته في التمهين لمواكبة مجتمع المعرفة.

٢- الإفادة من قائمة الكفايات التكوينية التي تم التوصل إليها، وذلك عند بناء برنامج لتنمية قدرات ومهارات معلمي ومعلمات اللغة العربية في المرحلة الثانوية.

٣- عقد دورات تكوينية للمعلمين على أساس مدخل الكفايات في ضوء المنهج الحالي باليمن، وذلك لمعالجة مستوى تدني ممارستهم للكفايات، وخاصة فيما يتعلق بالوسائل التعليمية غير التقليدية.

٤- معالجة القصور الملاحظ في مستوى الأداء بين المعلمين من خلال إقامة الأوراش التربوية والدورات التدريبية والتحفيز على التنمية المهنية.

٥- تحسين صورة المدرس في المجتمع وإبراز أدواره في إعداد رجال المستقبل ورد الاعتبار له من خلال تحسين وضعيته المادية والاجتماعية والمهنية، واعتبار مهنة التعليم من المهن المرموقة.

٦- ضرورة توفير الشروط الضرورية لإنجاح عملية تكوين معلمي اللغة العربية للمرحلة الثانوية في مراكز التكوين قبل وأثناء الخدمة.

٧- إيلاء تمهين التكوين الأهمية التي يستحقها باعتباره استراتيجية حديثة تعمل على ربط التكوين بمتطلبات الواقع المهني وتحقيق التمفصل بين الجوانب النظرية والجوانب العملية.

٨- الأخذ بمعايير الجودة الشاملة في عملية تقييم تكوين معلمي اللغة العربية في المرحلة الثانوية بكل مراحله بهدف تحقيق التميز.

ج- مقترحات لدراسات وأبحاث مستقبلية:

من خلال النتائج المحصل عليها في هذه الدراسة فإننا نقترح القيام ببعض البحوث والدراسات التي يعتقد أنها تصب في تطوير وتحسين تكوين معلمي اللغة العربية بالمرحلة الثانوية ، ومنها:

١- مدى تحقق أهداف تعليم اللغة العربية في المرحلة الثانوية في ضوء التدريس بالكفايات.

٢- دليل مقترح لتطوير تكوين معلمي اللغة العربية بالمرحلة الثانوية على أساس مدخل الكفايات.

٣- برنامج تكويني مقترح لتنمية الكفايات المهنية لدى معلمي اللغة العربية للمرحلة الثانوية في ضوء معايير الجودة الشاملة.

٤- مدى توافر أسس ومعايير الجودة الشاملة في مكونات برامج تكوين معلمي اللغة العربية للمرحلة الثانوية في مؤسسات التكوين في اليمن.

٥- مدى تلبية المقررات الدراسية لمادة اللغة العربية المطبقة حاليا على المرحلة الثانوية ، لحاجات الطلاب.

٦- بناء معايير ومقاييس متطورة لتقويم أداء معلمي اللغة العربية في ضوء الكفايات التي تم التوصل إليها.

٧- دراسة متطلبات التكوين الأولي لمعلمي اللغة العربية في المرحلة الثانوية في ضوء فلسفة التعليم المستمر.

٨- إجراء دراسة حول أسباب عدم استخدام معلمي اللغة العربية في مرحلة الثانوية للوسائل التعليمية الحديثة، ومدى تأثيرها على مستوى التحصيل الدراسي للطلاب.

قائمة
المصادر والمراجع

أولا: المصادر والمراجع باللغة العربية:

١- <u>المصادر:</u>

- القرآن الكريم

- أحياء علوم الدين: الإمام حامد محمد الغزالي ، ج ١، دار المعرفة، بيروت، لبنان، عام ١٩٨٣م.

- الآراء التربوية عند ابن خلدون: بدر السعود الإبراهيمي، المعهد التربوي الوطني- المغرب، ١٩٨٢م.

- الخصائص: أبي الفتح عثمان ابن جني، ج١، ط٢.

- رياض الصالحين: يحيى بن شرف النووي، تحقيق عبد العزيز رباح و أحمد دقاق، دار الفيحاء، دمشق، ١٩٩١م.

- سنن ابن ماجه: محمد بن زيد المشهور بابن ماجه، راجعه محمد فؤاد عبد الباقي، مجلد ١، ج ١، دار الفكر، بيروت.

- صحيح البخاري: الإمام أبي عبد الله محمد بن إسماعيل البخاري، دار الفكر، المجلد ١، ج١، ١٩٨١.
- الفوائد لابن القيم الجوزي: محمد راتب النابلسي،
http www.nabulsi com t xt 03 a uan 2j-nom 05rams-39 ahtml
- كتاب آداب المعلمين: محمد بن سحنون، تحقيق محمد العروسي، دار الكتب الشرقية، تونس، ١٩٧٢.
- لسان العرب: ابن منظور، دار صادر، ج٥، ١٥، ط١، بيروت، عام ١٩٩٧.
- لسان اللسان، تهذيب لسان العرب: أبي الفضل جمال الدين بن منظور، دار الكتب العلمية، ج ٢ ط١، بيروت- لبنان، ١٩٩٣.
- معجم الأخطاء الشائعة: محمد العدناني، مكتبة لبنان، ط٢، بيروت، ١٩٨٠.
- المعجم العربي الأساسي: المنظمة العربية للتربية والثقافة والعلوم، امبريمتو، بيروت- لبنان، ١٩٩١.
- المعجم الفلسفي: جميل صليبا، دار الكتاب، ج٢، ط١، بيروت- لبنان، ١٩٧٣.
- المعجم الوسيط: مجمع اللغة العربية، دار المعارف، ج٢، ط٢، مصر، ١٩٧٣.
- مقدمة بن خلدون: عبد الرحمن بن محمد بن خلدون، مؤسسة الكتب الثقافية، المجلد ١، بيروت- لبنان.
- المنجد في اللغة العربية المعاصرة: لويس معلوف اليسوعي، دار المشرق، بيروت، ط٢، عام ٢٠٠١م.

٢- المراجع:

- إبراهيم طوقان: ديوان إبراهيم طوقان، دار العودة، بيروت- لبنان، ٢٠٠٥.
- الاتجاهات المعاصرة في مجال إعداد المعلم (رؤية تحليلية): محمد أحمد عبد الدائم، جمعية المعلمين الكويتية، المؤتمر التربوي (٣١)، حول المعلم في الإستراتيجية التربوية، الكويت، عام ٢٠٠٢م.

- اتجاهات طلاب المرحلة الثانوية: محمد محمد ناصر جعشان، جامعة الجزيرة، كلية التربية ، السودان، عام ١٩٩٦م.

- أثر التكوين التربوي: أحمد محمد النجار، دبلوم الدراسات العليا، رسالة غير منشورة، كلية علوم التربية، الرباط، عام ١٩٩٩م.

- الاحتياجات التدريبية: علي أحمد ردمان،ماجستير، غير منشورة، كلية التربية، جامعة صنعاء، اليمن، عام ٢٠٠٠م.

- إدارة الجودة الشاملة: محمد عبد الوهاب العزاوي، اليازوري، عمان، الأردن، ٢٠٠٥.

- أساليب تدريس التربية الإسلامية: طه علي حسين الدليمي، وزينب حسن لجم الشمري ، دار الشروق ، ط١، عمان، عام ٢٠٠٣م .

- أساليب تدريس اللغة العربية: وليد جابر، دار الفكر للنشر والتوزيع، عمان، الأردن، ط٣، عام ١٩٩١م.

- الأساليب مناهج ونماذج في تعليم اللغة العربية: نهاد الموسى، دار الشرق،ط١، عمان، عام ٢٠٠٣م.

- استراتيجيات الكفايات وأساليب تقويم جودة تكونها: عبد الكريم غريب، منشورات عالم التربية، ط٣، الدار البيضاء، عام ٢٠٠٣م.

-أسس بناء المناهج وتنظيمها: حلمي أحمد الوكيل، ومحمد أمين المفتي، مكتبة الأنجلو المصرية، القاهرة، مصر، عام ١٩٨٤ م.

- أسس تصميم وتنفيذ البرامج التدريبية:عبد الرحمن بن ابراهيم الشاعر، دار ثقيف للنشر والتأليف، ط١، الرياض، عام ١٩٩١.

- إعداد المعلم العربي: محمد متولي غنيمة، الدار المصرية اللبنانية، ط١، القاهرة، عام ١٩٩٦م.

- إعداد المعلم: مصطفى عبد السميع، سمير محمد حواله، دار الفكر، ط١، عمان- الأردن، عام ٢٠٠٥م.

- إعداد المعلمين: غاستون ميالارية، منشورات عويدات، بيروت، ط٢، عام ١٩٩٩م.

- أنظمة التعليم و تحديات العصر: عبد الله الجراشئ، دار أقرأ للنشر، ط١، صنعاء، عام ١٩٩٣م

- **برنامج تدريبي لتنمية الكفايات المهنية اللازمة لمعلم اللغة العربية للناطقين بلغات الأخرى بالأزهر أثناء الخدمة:** عبد الرحمن الصغير محمد عيسى،رسالة دكتوراه، غير منشورة، معهد الدراسات والبحوث التربوية، جامعة القاهرة، مصر، عام ١٩٩٦م.

- **برنامج تدريبي مقترح لمعلمي التربية الإسلامية للتعليم الأساسي في ضوء احتياجاتهم التدريبية:** كريم الكحلاني، ماجستير، غير منشورة، كلية التربية، جامعة صنعاء، اليمن، عام ٢٠٠٥م.

- **برنامج للدراسات العملية للمرحلة الثانوية بدولة الكويت:** عادل مصفى مهران، رسالة دكتوراه، غير منشورة، معهد الدراسات والبحوث التربوية، جامعة القاهرة، عام١٩٨٧م .

- **بناء الكفايات انطلاقا من المدرسة:** فليب برنو، ترجمة عبد الكريم غريب، و لسحن بوتكلاي، منشورات عالم التربية، ط١، الدار البيضاء، عام ٢٠٠٤م.

- **بناء برنامج تدريبي لرؤساء الأقسام العلمية... في ضوء كفاياتهم الإدارية:** أحمد علي محمد المنصور، رسالة دكتوراه، غير منشورة ، جامعة بغداد ، عام ١٩٩٩م .

- **بناء مقياس لتقويم كفايات المعلم الأدائية:** سلسلة دراسات وأبحاث تربوية: مجموعة من الباحثين، مركز البحوث والتطوير التربوي، عدن- اليمن، عام ٢٠٠١م.

- **بيداغوجيا الكفايات :** عبد الرحيم الهاروشي، ترجمة اللحية، عبد الإله شرياط، نشر القنك.

- **بيداغوجيا الكفايات:** عبد الكريم غريب، منشورات عالم التربية، ط٥، الدار البيضاء، عام ٢٠٠٤م.

- **تجليات التحدي الحضاري الأندلسي:** مصطفى الزباخ، مطبعة بني أزناسن، سلا- المغرب، ٢٠٠١.

- تدبير جودة التعليم: محمد امزيان، ردمك، ط١، الدار البيضاء- المغرب، عام ٢٠٠٥.
- التدريب الميداني لمعلمي التربية الإسلامية واللغة العربية... في الوطن العربية، منشورات المنظمة: المنظمة العربية للتربية و الثقافة والعلوم: تونس، عام ١٩٨٣ م.
- التدريب مفهومه وممارسته إرسال المعلم: محمد هاشم ريان، الأردن – عمان، العدد الثاني حزيران عام ١٩٧٩م.
- تدريب وإعداد مدربي التدريب المهني: سميح أحمد جابر، المركز العربي للتدريب المهني، ط طرابلس، عام ٢٠٠١م.
- التدريب: حسن أحمد الطعاني، دار الشروق للنشر والتوزيع، رام الله ، عام ٢٠٠٢م.
- تدريس اللغة العربية للتعليم الأساسي في المغرب: عبد الكامل أوزار، دكتوراه، غير منشورة، كلية علوم التربية، الرباط، عام ٢٠٠٢م
- التدريس من أجل الكفاية: هوارد سلفان ونورمان منجز، ترجمة محمد عيد دیراني ومصطفى محمد متولي، جامعة الملك سعود، الرياض، عام ١٩٩٣م.
- التربية العملية الميدانية: محمد أحمد لمجدع، دار الضياء، ط١ عمان، عام ١٩٩٩م.
- التربية العملية أهدافها ومبادئها: عبد الرحمن صالح عبد الله: ط١، دار العدون، عمان، ١٩٨٦م.
- التربية العملية للطلاب المعلمين: محمد زياد حمدان، دار التربية الحديثة ، ط٦، سوريا، عام ١٩٩٧م.
- التربية العملية و تدريس العلوم: محمد السيد علي، دار المسيرة، عمان، ط١، عام ٢٠٠٣م.
- التربية العملية و تقنيات التدريس الفعال:عبد الوهـاب المصباحي، أوان، صنعاء، عام ٢٠٠٤م.
- التربية العملية: محمود حسان سعد، دار الفكر، عمان- الأردن، ط ١، عام ٢٠٠٠م.
- تربية المعلم للقرن ٢١: محمود أحمد شوق ومحمد مالك محمد سعد، مكتبة العبيكات، الرياض، عام ١٩٩٥م.

- التربية في ألمانيا التربية نزوع نحو التفوق و الامتياز: هانرج لينجيز، وباريار لينجيز، ترجمة محمد عبد العليم مرسي، مكتب التربية العربي لدول الخليج، الرياض، عام ١٩٨٧م.
- التربية والتعليم في اليمن: بدر سعيد علي الأغبري، دار الكتب، صنعاء- اليمن، ٢٠٠٣.
- تطويرالتعليم الثانوي لمقابلة احتياجات التنمية الشاملة في الجمهورية اليمنية: حمود محمد السياني، دكتوراه، غير منشورة، كلية التربية، حنتوب ، جامعة الجزيرة، السودان، عام ١٩٩٩ م.
- تطوير برامج الإعداد المهني لمعلمي المواد الاجتماعية: يوسف جعفر سعادة، وكالة المطبوعات، الكويت، عام ١٩٨٦.
- تطوير برنامج إعداد المعلم وتدريبه في ضوء احتياجات الإعداد للحياة المعاصرة:محمد علي ناصر: الجمعية المصرية، المؤتمر العلمي الخامس عشر، مجلد الأول، دار الضياء، عين شمس، عام ٢٠٠٣م.
- تطوير برنامج إعداد المعلمين في كلية التربية تعز في ضوء احتياجات الحياة المعاصرة: مصطفى بجاش حميد الشهاري: المؤتمر العلمي الخامس عشر، مصر، عام ٢٠٠٣م.
- تطوير برنامج إعداد معلم المرحلة الابتدائية الأزهرية في ضوء مدخل الكفايات: عاطف رضوان عبد الله عبد الرحمن،رسالة الدكتوراه، غير منشورة، معهد الدراسات والبحوث التربوية، جامعة القاهرة، عام ٢٠٠٢م.
- **تطوير منهج إعداد معلم التربية الإسلامية في كلية التربية بجامعة صنعاء في ضوء الكفايات المرجوة له:** أحمد يحيى محسن العوامي، دكتوراه، غير منشورة، معهد الدراسات والبحوث التربوية ، جامعة القاهرة، مصر، عام ١٩٩٩م.
- **التعلم والتعليم الصفي:** نادر فهمي الزيود، وآخرون ، دار الفكر، ط٤ ، عمان، عام ١٩٩٩م.

- تعليم الكبار" الكفاءات التربوية اللازمة لمعلم التعليم الأساسي : رشدي أحمد طعيمة، دار الفكر العربي، القاهرة، مصر، عام ١٩٩٩م.
- تعليم اللغة العربية بين النظرية والتطبيق: حسن شحاتة، الدار المصرية اللبنانية، ط٢، القاهرة، عام ١٩٩٦م.
- تعليم اللغة العربية لغير الناطقين بها: رشدي أحمد طعيمه، مناهجه وأساليبه، منشورات المنظمة الإسلامية، أسيسكو.
- التعليم في الجمهورية اليمنية:علي هود باعباد، مكتبة الإرشاد، صنعاء، عام ٢٠٠٣م.
- التعليم في الوطن العربي رؤية حول الواقع والمأمول: عبد الرحمن بن صالح المشيقح، النادي الأدبي بمنطقة حائل، ط١، السعودية، عام ١٩٩٦م.
- تعليم وتعلم اللغة العربية وثقافتها: المصطفى بن عبد الله بوشوك، ردمك، ط٣، المغرب، ٢٠٠٠.
- تعميق عمليتي التعليم والتعلم: محمد جهاد جمل، دار الكتاب الجامعي، العين – الإمارات العربية، ط١، ٢٠٠١.
- التقرير العام لنتائج المسح التربوي الدوري: الإدارة العامة للإحصاء، وزارة التربية والتعليم، المكتب الوطني، صنعاء، اليمن،عام ٢٠٠٤.
- تقويم أداء معلم اللغة العربية في تدريس النحو:عبد الواحد الآنسي، رسالة ماجستير، غير منشورة، جامعة صنعاء، كلية التربية، عام.
- تقويم الكفايات التواصلية لدى معلمي اللغة العربية: الحسين زاهدي، رسالة دكتوراه غير منشورة، كلية علوم التربية- جامعة محمد الخامس- السويسي، الرباط، ٢٠٠٥.
- تقويم برنامج إعداد معلم اللغة العربية للمرحلة الثانوية بكلية التربية جامعة عدن: أحمد مهدي اليماني، ماجستير، غير منشورة، اليمن، عام ١٩٩٨م.
- **تقويم برنامج الإعداد التربوي لطلاب اللغة العربية في كلية التربية بجامعة الملك سعود في ضوء - الأهداف المرجوة منه:** علي أحمد مدكور، مركز البحوث التربوية، مطابع جامعة الملك سعود، الرياض، عام ١٩٨٨م.
- **تقويم تدريب المعلمين:** مصطفى حجازي وأحمد المناعي، مركز البحوث التربوية والتطوير، البحرين، عام ١٩٩٦م.

- تقويم فاعلية التربية العملية في برنامج الدبلوم التربوي: عبد الحي بن أحمد السبي، جامعة الملك سعود، السعودية، عام ٢٠٠٢.

- تقييم برنامج تدريس اللغة العربية بمراكز تكوين المعلمين والمعلمات: محمد قصيرة، رسالة دبلوم الدراسات العليا، غير منشورة ، جامعة محمد الخامس، كلية علوم التربية، الرباط ، عام ٢٠٠٢م.

- التكوين المستمر وتطوير كفايات المدرسين المهنية في نظام التعليم بالمغرب:عبد اللطيف الفارابي، دكتوراه، رسالة غير منشورات، كلية علوم التربية، الرباط، عام ٢٠٠٠م.

- تكوين المعلم العربي: جبرائيل بشارة، المؤسسة الجامعية للدراسات، بيروت، ط١، عام ١٩٨٦م.

- تكوين المعلمين من الإعداد إلى التدريب: خالد طه الأحمدى، دار الكتاب الجامعي، العين - الإمارات، ط١، ٢٠٠٥.

- تكوين مدرسي اللغة العربية: الفاربي عبد اللطيف، دبلوم الدراسات العليا، رسالة غير منشورة، كلية علوم التربية، الرباط، عام ١٩٩٦م.

- تكوين معلمين مهنيين الاستراتيجيات والكفايات: المنظمة العربية، ترجمة نور الدين ساسي، المركز العربي للتعريب والترجمة، دمشق، عام ١٩٩٨م.

- تكوين مفتشي التعليم: إدريس قاسمي وخالد المير، دار الاعصام، الدار البيضاء، عام ١٩٩٧م.

- التنمية المهنية للمعلمين: محمد عبد الخالق مدبولي، دار الكتاب الجامعي، العين-الإمارات، الطبعة الأولى، عام ٢٠٠٢.

- حلقة متطلبات إستراتيجية التربية في إعداد المعلم العربي:محمد عبد الظاهر الطيب، دار المعارف، مسقط، عام ١٩٧٩م.

- خصائص المعلم العصري وأدواره: علي راشد، دار الفكر العربي، القاهرة، عام ٢٠٠٢م.

- **دراسات حول إنتاج المواد التعليمية لبرامج التعليم عن بعد:** يعقوب نشوان، المنظمة الإسلامية للتربية والعلوم والثقافة- إيسسكو، مطبعة إزناسن، سلا- المغرب، ٢٠٠٠م.
- **دراسة عاملية لمكونات الكفاية المهنية للمعلمة في المرحلة الثانوية في مصر وبعض المتغيرات النفسية المرتبطة بها:** نعيمة محمد بدر يوسف، كلية التربية، جامعة عين شمس، رسالة دكتوراه غير منشورة ، مصر، عام ١٩٨٩م .
- **دراسة مقارنة لبرنامج إعداد معلم المرحلة الثانوية:** محمد مالك محمد سعيد محمود، مكتبة العبيكان، الرياض، عام ١٩٩٥ م.
- **دليل التربية العملية وإعداد المعلمين:** فايز مراد دندش، والأمين عبد الحفيظ أبو بكر، دار الوفاء لدنيا الطباعة والنشر، الإسكندرية، عام ٢٠٠٢.
- **دليل الكليات:**فريق الإعداد، كلية التربية، جامعة صنعاء، اليمن، عام ٢٠٠٣م.
- **دليل المعلم:** وزارة التربية، اليمن ، ط١ ، عام ٢٠٠٣م.
- **دليل المعلم:**وزارة المعارف، الإدارة العامة للإشراف التربوي،السعودية،عام١٤١٨ هـ.
- **زاد المعلم:** علي أحمد لبن، دار الوفاء للطباعة، ط ٦، المنصورة، عام ١٩٩٢م.
- **سمات شخصية ذات أهمية في نجاح المعلم:** حلمي المليجي، المؤتمر الأول لإعداد المعلمين، جامعة الملك عبد العزيز، السعودية.
- **سيكولوجية المراهقة:** أحمد محمد الزعبي، دار الآفاق، صنعاء، اليمن، عام ١٩٩٦ م.
- **شرح الكفايات التعليمية: توفيق مري**، دار الفرقان، عمان - الأردن، عام ٢٠٠٣م .
- **الشوقيات:** أحمد شوقي، مكتبة التربية، المجلد١ ، ج١، بيروت، ١٩٨٧.
- **الصورة المثلى لمناهج إعداد المعلمين:** حامد شاكر حلمي، المؤتمر الأول لإعداد المعلمين، مركز البحوث التربوية والنفسية، السعودية، عام ١٣٩٤هـ.
- **علم النفس الإحصائي وقياس العقل البشري:** فؤاد السيد، دار الفكر العربي، القاهرة، مصر، عام ١٩٧٨ م.
- **الفروق اللغوية:** أبي هلال الحسن العسكري، دار الكتب العلمية، ط١، عام ٢٠٠٠.

- فلسفة إعداد المعلم في ضوء التحديات المعاصرة: محمد كتش، مركز الكتاب للنشر، ط١، القاهرة، عام ٢٠٠١م.
- في طرائق تدريس اللغة العربية: محمود السيد، المطبعة الجديدة، دمشق، عام ١٩٩٨م.
- القانون العام للتربية: وزارة التربية والتعليم في اليمن، ١٩٩٢م.
- قانون المعلم و المهن التعليمية: وزارة التربية والتعليم، اليمن، رقم (٣٧)، الجريدة الرسمية، العدد ٢٤، ط١ ، ١٩٩٨م.
- الكفاءات التعليمية اللازمة لمعلم اللغة العربية بالمرحلة الثانوية في الجمهورية اليمنية: أنيسة محمود هزاع، ماجستير، غير منشورة، كلية التربية، اليمن، صنعاء، عام ١٩٩٩م.
- كفاءة المدرس وعلاقتها بالتحصيل الدراسي : فؤاد غوفير، دبلوم الدراسات العليا، غير منشور، كلية علوم التربية، جامعة محمد الخامس، السويسي، الرباط، عام ٢٠٠٠م.
- الكفايات البشرية في قطاع التعليم قبل الجامعي: المنظمة العربية للتربية والثقافة والعلوم، تونس ١٩٨٢م.
- الكفايات التخصصية: سلسلة دراسات وأبحاث تربوية: مجموعة من الباحثين، مركز البحوث والتطوير التربوي، عدن- اليمن، عام ٢٠٠٢م.
- كفايات التدريس: سهيلة محسن الفتلاوي، دار الشروق للنشر والتوزيع، رام الله، ط ١، عام ٢٠٠٣م.
- الكفايات التدريسية اللازمة لمدرسي التاريخ في المرحلة الثانوية بالجمهورية اليمنية: علي حسن راجح القديمي، رسالة ماجستير غير منشورة، جامعة بغداد، كلية التربية، بغداد، عام ١٩٩٣م.
- الكفايات التعليمية اللازمة لمعلمي الرياضيات جامعة الجزيرة: نبيل حسين الفهيم، السودان، عام ٢٠٠٠م.
- الكفايات التعليمية لمدرسي العلوم: نبيل مراد، دبلوم الدراسات العليا، غير منشورة، كلية علوم التربية، الرباط، عام ٢٠٠٢م.

- **الكفايات التعليمية لمعلم العلوم في المرحلة الابتدائية:** صالح محمد العيوني، مطابع جامعة الملك سعود، الرياض، عام ١٩٩٢م.
- **الكفايات التعليمية:** عبد الرحمن جامل، دار المناهج ، ط٢، عمان، عام ٢٠٠١م.
- **الكفايات في التعليم:** محمد الدريج، منشورات المعرفة للجميع، الدار البيضاء، عام ٢٠٠٣م.
- **الكفايات والاستراتيجيات:** عبد اللطيف الجابري، وأخرون، مطبعة النجاح الجديدة، الدار البيضاء، عام ٢٠٠٤م.
- **الكفايات والقيم وسبل اكتسابها في مادة الاجتماعيات منهج و تطبيق:** العربي اكنينح، مطبعة انفو- برانت، ط١، فاس- المغرب، عام ٢٠٠٤م.
- **كيف تنجز بحثاً:** محمد زياد حمدان، دار التربية الحديثة، عام ١٩٩٤م.
- **اللغة العربية منهجها وطرائق تدريبها:** طه علي الدليمي، سعاد عبد الكريم الوالي، دار الشروق، رام اللـه، عام ٢٠٠٣م.
- **ما هي الكافيات:** هزار دغاردنر، وآخرون، إعداد و تعريب الحسن اللحية و عبد الإله شريطا، مطبعة بن الأزناس، سلا- المغرب، عام ٢٠٠٣م.
- **متطلبات تدريب معلمي اللغة العربية بالمرحلة الابتدائية في مدارسهم أثناء الخدمة بدولة الكويت:** عبد الرحيم عبد الهادي، ماجستير، غير منشورة، معهد الدراسات التربوية، جامعة القاهرة ، مصر عام ٢٠٠٣م.
- **المجزءات إستراتيجية للتربية، وتكوين الكفايات:** عبد الكريم غريب والبشير اليعكوبي، منشورات عالم التربية، ط١، الدار البيضاء، عام ٢٠٠٣م.
- **مدخل التربية ومهنة التعليم:** نادية جمال الدين وآخرون، كلية التربية، جامعة عين شمس، مصر، عام ١٩٩٢م.
- **مدخل الكفايات والمجزوءات** : حسن شكير، مطبعة المتقي برينتر، المحمدية، المغرب، عام ٢٠٠٢م.
- **المدخل إلى التربية:** حليمة علي أبو رزق، الدار السعودية، الطبعة الأولى، جدة- السعودية، ١٩٩٨.

- **مدخل إلى طرق التدريس**:عبد الوهاب عوض كويران، دار جامعة عدن، ط ٢، عدن، عام ١٩٩٨م.

- **المرشد الحديث في التربية العملية.....**: عبد الله عمر الفرا وعبد الرحمن جامل، مكتبة الجيل الجديد، صنعاء، عام ١٩٩٩م.

- **مركز تطوير التعليم التابع للأمم المتحدة**: ترجمة عبد الصمد الأغبري وفريدة آل مشرف، دار النهضة العربية، بيروت، عام ١٩٩٨م.

- **مشروع المعايير التربوية لعناصر العملية التعليمية**: عدد من الباحثين، الإدارة العامة للقياس والتقويم، مركز التطوير التربوي، السعودية، عام ١٤٢٥هـ

- **معايير إعداد مدرسي العلوم في المرحلة الثانوية**: عبد الغني يحي عبد الله الشيخ، رسالة دكتوراه، كلية التربية، المستنصرية- العراق، عام ١٩٩٦.

- **معايير تقويم الأداء وتحسين الجودة في التعليم الجامعي**: مجموعة من الباحثين، المنظمة العربية والمنظمة الإسلامية للتربية والعلوم والثقافة،عمان – الأرن، ٢٠٠٦.

- **المعلم إعداده ومكانته وأدواره**: محمد أحمد سعفان، سعيد طه محمود، دار الكتب الحديثة،٢٠٠٢.

- **المعلم الفاعل والتدريس الفعال**: محمد عبد الرحيم عدس، دار الفكر، ط١، عمان، عام ١٩٩٦م.

- **المعلم بين النظرية والتطبيق**: خالد زكي عقل، مكتبة دار الثقافة، عمان، ط١، عام ٢٠٠٤م.

- **المعلم كفاياته، إعداده، تدريبه**: رشدي أحمد طعيمه، دار الفكر العربي، القاهرة ، ط١، ط٢، عام ١٩٩٩م ،٢٠٠٦.

- **معلمون المدارس الغد**: جان نومان، ترجمة فؤاد صروف، مكتبة لبنان، بيروت، عام ١٩٧٥ م

-**المكانة الاجتماعية للمعلم وسبل تعزيزها** : أسماء يعقوب المنصوري، مسابقة البحوث التربوية، جائزة خليفة بن زايد للمعلم، منطقة العين التعليمية، الإمارات، عام ٢٠٠٣م.

- **ملاحظات حول تعليم اللغة العربية في المرحلة الثانوية:** عبد الجليل هنوش، منشورات المنظمة الإسلامية ... أيسسكو، الرباط، عام ٢٠٠٢م.
- **من درس الأهداف إلى درس الكفايات:** ميلود التوري، مطبعة أنفو- برانت، ط١، فاس المغرب، عام ٢٠٠٤م.
- **مناهج البحث التربوي:** محمد فائز محمد عادل، مركز عبادي، صنعاء، عام ٢٠٠٢م.
- **المنطلقات العامة لمناهج التعليم العام**، وزارة التربية والتعليم، اليمن.
- **منظومة تكوين المعلم:**محمد عبد الرزاق إبراهيم، دار الفكر، ط١، عمان - الأردن، عام ٢٠٠٣م.
- **منهاج اللغة العربية بالتعليم الثانوي:** قسم البرامج والمناهج والوسائل التعليمية بالمغرب، وزارة التربية بالمغرب، ١٩٩٦.
- **منهاج المعلم والإدارة التربوية** : سمير محمد كبريت، دار النهضة التربوية، بيروت، لبنان، عام ١٩٩٨ م.
- **المنهج التوجيهي لتكوين المكونين:** مصطفى الزباخ، مليود أحبدو، وآخر،المنظمتين العربية والإسلامية، مطبعة المعارف الجديدة، المغرب- الرباط، عام ١٩٩٨م.
- **مهارات التدريس لمعلمي ذوي الاحتياجات الخاصة:** أحمد عفت قرشم، مركز الكتاب للنشر، ط١ ، القاهرة ، عام ٢٠٠٤م.
- **مهارات التدريس: إمام مختار حميده، وآخرون**، مكتبة زهراء الشرق، القاهرة، عام ٢٠٠٣م.
- **مهنة التعليم في دول الخليج العربية:** نور الدين محمد الجواد ومصطفى محمد متولي، مكتب التربية العربي لدول الخليج السعودية- الرياض، ١٩٩٣.
- **نظام التعليم في الجمهورية اليمنية:**بدر سعيد الأغبري، دار اقرأ للنشر، ط١، صنعاء، ١٩٩٣م.
- **النظام التعليمي بالمغرب وسياسة تكوين المدرسين:** مادي لحسن، دكتوراه، غير منشورة، كلية علوم التربية، جامعة محمد الخامس، الرباط، عام ١٩٩٥م.

- **وثيقة منهاج اللغة العربية للمرحلة الثانوية:** وزارة التربية والتعليم، اليمن، عام ٢٠٠٣م.

٣- دوريات ووثائق:

- **إدارة التدريب التربوي بوزارة المعارف:** التدريب التربوي، مجلة التوثيق التربوي، ع ١٤، السعودية، عام ١٩٧٧م.
- **آراء التلاميذ و المدرسين حول مواصفات المدرس الجيد:** مومن محمد، مجلة علوم التربية، م٢، ع ٢٥، الدار البيضاء، عام ١٩٩٨م.
- **إرشاد المعلمين لاتجاهات داخل المدارس:** مجموعة من المؤلفين، المجلة العربية للتربية، المجلد١٤، العدد ١، المنظمة العربية، عام ١٩٩٤م.
- **إعادة هيكلة برامج إعداد المعلم في كليات التربية:** كلية التربية جامعة صنعاء، اليمن، خلال الفترة (١١-١٣) عام ٢٠٠٤.
- **إعداد المعلم بجامعة الكويت الواقع والمأمول:** جاسم يوسف الكندري، مجلة العلوم التربوية والنفسية، البحرين ، المجلد ٣ ، العدد ٣، عام ٢٠٠٢م.
- **إعداد و تدريب المعلم العربي:** عبد الفتاح أحمد حجاج ،ج٢، الجمعة العراقية للعلوم التربوية والنفسية، بغداد، عام ١٩٧٥ م.
- **أهمية التطوير المهني للمعلمين:** نهى الرويشد، جمعية المعلمين الكويتية، المؤتمر التربوي (٣١) حول المعلم في الإستراتيجية التربوية، الكويت، عام٢٠٠٢.
- **الأوضاع المادية والمكانة الاجتماعية للمعلم:** نعيم حبيب، مجلة الدراسات، المجلد ٢٢، العدد٥، عمان - الأردن.
- **الاتجاهات العالمية في إعداد المعلمين وتدريبهم:** رفيقة سليم حمود، المنظمة العربية للتربية والثقافة والعلوم، أيسسكو، وثيقة رقم ٢، الدوحة، عام ١٩٩٢م.

- الاتجاهات العالمية في إعداد وتدريب المعلمين في ضوء الدور المتغير للمعلم: عبد الرحمن حسن الإبراهيم وآخرون، المنظمة العربية للتربية والثقافة والعلوم، دراسة مقدمة لاجتماع الدوحة، ٢٧ ـ ١٩٩٨/٩/٣٠م.

- الاتجاهات نحو مهنة التدريس وعلاقته بأداء الكفايات الأساسية لدى الطلاب المعلمين في التربية الميدانية: سالم خلف اللـه القرش، مجلة مستقبل التربية العربية، دار الأمين، العدد ١٣، ١٤، القاهرة عام ١٩٩٨م.

- الاحتياجات التدريبية لمديري مدارس التعليم العام: عبد اللـه مغرم الغامدي، مجلة كليات المعلمين، م ٢، ع ٢، الرياض، عام ٢٠٠٢.

- الاحتياجات التدريبية لمعلمي تربية لواء الأغوار: خليفة الطروانه وآخرون، مجلة العلوم التربوية والنفسية، المجلد٤، العدد٣، جامعة البحرين،عام ٢٠٠٣م،

- برنامج تدريب مقترح لتنمية كفايات التقويم لدى معلمي التعليم التجاري: عبد الباقي عبد المنعم أبو زيد وآخرون، مجلة العلوم التربوية والنفسية، المجلد٤، العدد٣، جامعة البحرين، عام ٢٠٠٣م.

- برنامج مقترح لتدريب معلمات المواد الاجتماعية العاملات في مرحلة الدراسة الثانوية بالمملكة العربية السعودية: سامي محمد ملحم، ومياز خليل الصباغ، مجلة جامعة الملك سعود، م٣، العلوم التربوية٢،الرياض، عام ١٩٩٩م.

- بناء السياسة التربوية وفق مبادئ إدارة الجودة: ناصر بن هلال الراسبي، مجلة التطوير التربوي، العدد ٢٩، مسقط- عمان، ٢٠٠٦.

- تجارب عالمية وعربية في إصلاح برنامج إعداد المعلم: عبد اللطيف حسين الحكيمي، ندوة عقدة في كلية التربية- جامعة صنعاء، اليمن، عام ٢٠٠٤م.

- تدريب المعلمين الجدد: لا تيكل ١٩٩٤، المجلة العربية للتربية، المجلد١٦، العدد١، المنظمة العربية، عام ١٩٩٦م.

- تربية المعلم من منظور عالمي: عمبرت، المجلة العربية للتربية، المجلد١٢، العدد٢،المنظمة العربية، عام ١٩٩٦م.

- تشخيص الكفاءات المعرفية و تربيتها: الغالي أحرشاو، مجلة علوم التربية، م٣، ع ٢٦، الدار البيضاء، عام ٢٠٠٤.

- **تطوير التعليم الأساسي والثانوي:** صبري فارس الهيتي، ورقة عمل مقدمة للندوة التربوية لاتحاد معلمي العرب المنعقدة في صنعاء، عام ١٩٩٧ م.
- **تطوير برامج إعداد المعلمين وتدريبهم للوفاء بمتطلبات الدور المتغير للمعلم في البلاد العربية:** رفيقة سليم حمود، المنظمة العربية للتربية والثقافة والعلوم، وثيقة ٢، قدمت المؤتمر الدوحة، ٢٧ـ٣٠/٩/١٩٩٨م.
- **التقرير الختامي:** المنظمة العربية للتربية والثقافة والعلوم، الدوحة، عام ١٩٩٨م.
- **التقرير العام لتنفيذ برنامج التدريب الميداني المصفر:** وزارة التربية والتعليم، إدارة التدريب، اليمن، عام ٢٠٠٣م.
- **التقرير النصفي لنهاية الفصل الأول:** مكتب التربية بالأمانة (صنعاء)، إدارة التوجيه التربوي، منطقة شعوب، عام ٢٠٠٥م.
- **التقرير النصفي لنهاية الفصل الأول:** مكتب التربية بالأمانة(صنعاء)، إدارة التوجيه التربوي، عام ٢٠٠٥.
- **تقويم المعلم أثناء الخدمة:** فؤاد أبو حطب، المؤتمر الأول لإعداد المعلمين، كلية العلوم التربية، جامعة الملك عبد العزيز، السعودية.
- **تكوين الأستاذ الجامعي:** أبو طالب محمد سعيد، مجلة تعليم الجماهير، العدد ٢٧، عام ١٩٨٥م.
- **تكوين المدرسين المبنى على الكفاية:** محمد مومن، مجلة علوم التربية، المجلد٣، العدد ٢٥، المغرب، ٢٠٠٣م.
- **تكوين المدرسين:** لحسن مادي، ناداكم للطباعة والنشر، منشورات مجلة علوم التربية، الدار البيضاء، عام ٢٠٠١م.
- **التكوين المستمر:** عبد الكريم غريب، عالم التربية، عدد٩، ١٠، الدار البيضاء.
- **التكوين المستمر:** غاستون ميالارية، ترجمة نور الدين البودلالي، مجلة علوم التربية، المجلد ٢ العدد ١٦، المغرب، عام ١٩٩٩م.
- **التكوين المستمر:** معروف عبد الجليل، ورزقي عبد العزيز، مجلة علوم التربية، م ٢، ع ١٨، عام ٢٠٠٠م.

- التكوين المستمر، عبد الرحيم تمحري: مجلة علوم التربية، م٣ ، ع ٢١، الدار البيضاء، عام ٢٠٠١م،

- توصيات ندوة تطوير إعداد معلمي اللغة العربية في الوطن العربي: مكتبة الوثائق التربوية، مجلة التوثيق التربوي، السعودية، عام ١٩٧٧.

- الجامعة وإعداد المعلم: محمد حامد الأفندي، المؤتمر الأول لإعداد المعلمين، كلية التربية ـ جامعة الرياض، عام ١٩٧٤.

- الجودة الشاملة ضرورة معاصرة: محمد بن علي العلوي، مجلة التطوير التربوي، مسقط، عمان، عام ٢٠٠٦م.

- الجودة الشاملة في التدريس وفي غرفة الفصل:محمد يوسف أبو ملوح، مركز القطان للبحث والتطوير التربوي، غزة ٢٠٠٦.www.goog صلى الله عليه وسلم l.com.

- الحلقة النقاشية: مكتبة التربية بالأمانة، صنعاء، اليمن، عام ٢٠٠٢م.

- درجة كفاية الممارسات التربوية لمعلمي المدارس الثانوية الحكومية في الأردن: محمد عيد ديران، مجلة جامعة الملك سعود، م ٥، العلوم التربوية و الدراسات الإسلامية (١)، الرياض، عام ١٩٩٣م.

- دور الطالب المتدرب و مسؤولياته في التربية الميدانية: راشد بن حمد الكثيري، مجلة جامعة الملك سعود، م ٩، العلوم التربوية و الدراسات الإسلامية، الرياض، ١٩٩٧ م.

- دور مركز التقنيات التربوية في تكوين المعلمين في اليمن: سعود الجلاد، المجلة العربية للبحوث التربوية، المجلد٤، العدد١، عام ١٩٨٤م، المنظمة العربية.

- رفع مستوى المعلمين أثناء الخدمة إلى مستوى الدرجة الجامعية (تجارب عربية وعالمية): المنظمة العربية للتربية والعلوم والثقافة، المجلة العربية للتربية، المجلد١٣، العدد١، عام ١٩٩٣م.

- السمات المميزة للمعلم من وجهة نظر الطلبة: شفيق فلاح علاونة، مجلة علوم التربية م٣، ع ٢٥، الدار البيضاء، عام ١٩٩٨م.

- صفات المعلم الجيد: ابن جماعة، مجلة المجمع العلمي، م ٥١، ج ١، عام ٢٠٠٤م.

- **ضمان تحقيق الجودة في البرامج التعليمية:** هند عبد الله الهاشمية، مجلة التطوير التربوي، العدد ٢٩، مسقط- عمان، ٢٠٠٦.

- **قراءات في بعض الإصدارات التربوية:** عبد الواحد أولاد الفقيهي، مجلة علوم التربية، العدد ٣٢، عدد خاص، الرباط- المغرب، ٢٠٠٦.

- **قضايا ومشكلات إعداد المعلمين:** هاوردبي ليفت، المجلة العربية للتربية، المجلد ١٤، العدد١، المنظمة العربية، عام ١٩٩٤م.

- **الكفايات الأساسية لمديري مدارس التعليم العام:** عبد العزيز بن عبد الله العريني، مجلة كليات المعلمين، م٣، ع ٢، الرياض، عام ٢٠٠٣م.

- **الكفايات التعليمية اللازمة للطالب المعلم و تقصى أهميتها و تطبيقات وجهة نظره ونظر المشرف عليه في كلية التربية بجامعة الملك سعود بالرياض:** عبد العزيز بن عبد الوهاب البابطين، مجلة السعودية،م٧،العلوم التربوية والدراسات الإسلامية (٢)، الرياض، عام ١٩٩٥م.

- **الكفايات التعليمية:** يعقوب نشوان، وعبد الرحمن الشعوان، لطلبة كلية التربية بالمملكة العربية السعودية، مجلة جامعة الملك سعود، م٢، العلوم التربوية، الرياض، عام ١٩٩٠م.

- **الكفايات المهنية والصفات الشخصية في الأستاذ الجامعي من وجهة نظر كلية المعلمين في بيشة:** نافذ نايف رشيد يعقوب، المجلة العربية للتربية، المنظمة العربية للتربية والثقافة والعلوم، المجلد ٢٥، العدد ١، تونس، عام ٢٠٠٥.

- **الكفايات كمدخل لتطوير جودة التعليم والتكوين:** لحسن مادي، مجلة علوم التربية، م٣، ع ٢٦، الدار البيضاء، عام ٢٠٠٤.

- **الكفايات مقاربة جديدة في تناول المناهج وخطط التدريس:** عبد اللطيف الفاربي، مجلة علوم التربية، م٣، ع٢٦، الدار البيضاء، عام ٢٠٠٤م.

- **الكفايات والتمثلات:** إسماعيل هموني، مجلة علوم التربية، المجلد٣، العدد ٢٥، المغرب، عام ٢٠٠٣م.

- **الكفاية والمعرفة:** عمر بيشو، مجلة علوم التربية، المجلد٣، العدد ٢٥، المغرب، عام ٢٠٠٣م.

- **مؤشرات من التقرير الإحصائي لتطوير التعليم الثانوي حول تشخيص الوضع الراهن:** مركز البحوث والتطوير التربوي، اليمن، عام ٢٠٠٤.
- **مدخل الكفايات في الكتاب الأبيض:** محمد الدريج، **مجلة علوم التربية**، م٣، ع ٢٦، الدار البيضاء، عام ٢٠٠٤م.
- **مسار التكوين:** مادي الحسن، مجلة علوم التربية، العدد ٣، السنة الثانية، المغرب، عام ١٩٩٢م.
- **مشكلات إعداد المعلم بدولة الكويت:** عبد الله عبد الرحمن الكندري، جمعية المعلمين الكويتية، المؤتمر التربوي (٣١) حول المعلم في الإستراتيجية التربوية، الكويت، عام ٢٠٠٢ م، ورقة عمل لندوة صنعاء.
- **معايير اعتماد المعلم في مصر في ضوء بعض الاتجاهات العالمية الحديثة:** سلامة عبد العظيم حسين ومحمد عبد الرزاق إبراهيم،مجلة مستقبل التربية العربية، المكتب الجامعي الحديث، العدد ٢٤، الإسكندرية، عام ٢٠٠٢م.
- **المعلم دائم التعليم**، جمعية المعلمين الكويتية، عبد العزيز الحر، المؤتمر التربوي (٣١)، حول المعلم في الإستراتيجية التربوية، الكويت، عام ٢٠٠٢م.
- **المعلم في عالم متغير:**علي الحوات، مجلة علوم التربية، المجلد ٢، العدد ١٩، المغرب، عام ٢٠٠٠م.
- **المعلم في مدرسة المستقبل:** جبرائيل بشارة، ورقة عمل مقدمة لندوة المعالم الأساسية للمؤسسة المدرسية في القرن ٢١، الدوحة، من ٧ـ١٠ مايو، ٢٠٠٠م.
- **مفهوم الكفايات وبناؤها عند فليب بيرنو:** لحسن برتكلابي، مجلة علوم التربية، المجلد٣، العدد ٢٥، المغرب، ٢٠٠٣م.
- **مفهوم مديري البرامج التدريبية لفعالية التدريس:** محمود عبد الله صالح، عمادة شؤون المكتبات، مجلة جامعة الملك سعود، المجلد٢، العلوم التربوية، الرياض، عام ١٩٩٠.
- **مقارنة الكفايات التعليمية اللازمة لمعلمات المرحلة الابتدائية للبنات في المدارس الحكومية و الأهلية في الرياض:** فوزية بنت بكر البكر، مجلة جامعة الملك سعود،م ١٠، العلوم التربوية و الدراسات الإسلامية(٢)، الرياض،عام ١٩٩٨م.

- **مقارنة بين بيداغوجية الأهداف والكفايات**: محمد عليلوشي، مجلة علوم التربوية، م٣، ع ٢٦، الدار البيضاء، عام ٢٠٠٤.
- **ندوة تربوية بعنوان تنمية الكفاية المهنية للمعلمات في كيفية عداد الخطط العلاجية**: يسرى مصطفى السيد، مركز الانتساب الموجه، أبو ظبي، الإمارات العربية المتحدة،الكفايات: www.goog صلى الله عليه وسلم l.com
- **النظام التعليمي في الجمهورية اليمنية**، الواقع والصعوبات والتوجهات المستقبلية، محمد مطهر، وآخر، ورقة عمل مقدمة للندوة التربوية في صنعاء.
- **واقع التعليم الثانوي**: فريق تحليل الوضع الراهن، وزارة التربية والتعليم، اللجنة الوطنية لإعداد إستراتيجية التعليم الثانوي، اليمن.
- **وثيقة منهاج اللغة العربية**: فريق الإعداد، وزارة التربية والتعليم، ط١ تجريبية، عام ٢٠٠٣.
- **ورقة عمل بعنوان المعلم**: مكتب التربية بالأمانة، صنعاء، اليمن،عام ٢٠٠١ م.
- **وضع المعلم المهني والعلمي وسبل تطويره**: اسماعيل عبد الله الحوسني، جمعية المعلمين، اتحاد المعلمين العرب، ورقة عمل مقدمة إلى الندوة المصاحبة لانعقاد المجلس المركزي في صنعاء، الإمارات، عام ٢٠٠٢م.
- **وضع المعلم المهني والعلمي**: أحمد صالح علوي، ورقة عمل مقدمة للندوة المرافقة للمجلس المركزي لاتحاد معلمين العرب ـ صنعاء، اليمن، عام ٢٠٠٢م.

ثانيا: المراجع الأجنبية:

المراجع الفرنسية:

- **D'après la Conférence mondiale sur l'éducation pour tous Réponde aux Besoins Educatifs** : Paris Novembre 1990.
- **Dictionnaire d'apprentissage de la langue Française, Alain Rey, 1996.**

- **Dictionnaire de la langue Pédagogique:** Presse Universitaire de France, Paul Faulquié, Paris 1971.

-**Dictionnaire Actuel de l'éducation** : Renauld Legendre, Paris- Montréal, 1988.

- **Education et Instruction depuis 1935:** J. Piaget : Encyclopédie Français, Tome XV, 1965.

- **Former des enseignants professionnels, Quelles stratégies? Quelles Compétences, de boeck** : Léopold Paquay, Marguerite Mltet, Evelyne Charlier, Philipe Perrenaud ,3 éditions 2003.

- **L'ingénierie et l'éducation de la formation:** Guy le beaterf : Les éditions d'organisation, Paris 1990.

- **La demande qualité dans le domaine de la formation Professionnelle:** Beraual Abdessalam, actes des semaines Rabat les 25 et 26 Juin 1996.

- **La Pédagogie des Compétences** :Abderrahim Harrouchi, Edition Le Fenec, Casablanca 2000.

- **Le débat de la nation de Compétence Revue Point – Recherche** :Michel Sandra, Paris N°74 Fev 1994.

- **Le Trajet de la formation, les enseignants entre la théorie et la pratique:** Gilles Ferry, Edition Dunad. Paris 1983.

-**La formation des enseignants au partenariat, Presse Universitaires de France** : Zay Danielle , 1994.

-**Vocabulaire de l'éducation, Presses Universitaires de France:** Gaston Mailaret , Paris 1979.

المراجع الإنجليزية:

- Accountability in the Learning pocess kappa Delta pire CORD Volume 9 N° 4 (Avril, 1973) . p 123.

- **Affective Domain Tool** : Campbell David, Has professional, Competence, Educational Leadership,4 Jan 1974

- **Analyzing the PBTE Approach:** Foster, Cliff, Educational, leadership 31. N°4, Jan 1974.

- **Bunns, Richard w. and klingstadt Joe** lars, (op.cit)

- **Competency Based Education** :Rickover, G H (1979), the high school Journal, chapel Hill North Carolina, the University of North Carolina, press, Vol 621, No January, 1979.

- **Competency Based Education:** Bums Richard w, An Introduction : University of Texas Paso, Education Technology, Publication. MYY 1973 .

- **Competency based systems approach to teacher education** :Copper, J.M. and Weber, W.R C Berkeley : mccutchan Pub, cor. 1973.

- **Peformance Based teacher Education what is the state of the Art** ? Elam Stanley Washington : AACTE 1975.

- **People and productivity:** Suternerelster, Robert, A me Graw Hill Book company, New York 1963.

- **Selection Competency Outcomes for Teacher Education** :Dodle, R (1973), the (Journal of Teacher Education).

- **Some Notes on competency based teacher Education** :Pines, E.A.

- **Teaching skills in the social studies:** Social Studies Review.

فهرس المحتويات

T0300953

Printed in the United States
By Bookmasters